Last minute
PICKNICK

Impressum

Produktmanagement: Doreen Brodowsky
Textredaktion: Jutta Schmolke
Korrektorat: Susanne Langer, M.A.
Layout und Satz: Silke Schüler
Umschlaggestaltung: *zeichenpool, München
unter Verwendung von Fotos von Maria Brinkop
Repro: LUDWIG:media, Zell am See
Herstellung: Barbara Uhlig

Texte und Rezepte: Margit Proebst
Fotografie: Maria Brinkop, außer: Shutterstock:
Umschlag innen (Ievgeniia Maslovska),
S. 5 (Rawpixel.com), S. 8 (Yulia Davidovich),
S. 13 (Kseniya Ivanova), S. 128 (Radu Bercan)

Printed in Slovenia by Florjancic

Unser komplettes Programm finden Sie unter

www.christian-verlag.de

Die Deutsche Nationalbibliothek verzeichnet diese Publikation in der Deutschen Nationalbibliografie; detaillierte bibliografische Daten sind im Internet über http://dnb.d-nb.de abrufbar.

ISBN 978-3-95961-101-5

★★★★★

Sind Sie mit diesem Titel zufrieden? Dann würden wir uns über Ihre Weiterempfehlung freuen.
Erzählen Sie es im Freundeskreis, berichten Sie Ihrem Buchhändler oder bewerten Sie bei Onlinekauf. Und wenn Sie Kritik, Korrekturen, Aktualisierungen haben, freuen wir uns über Ihre Nachricht an Christian Verlag, Postfach 40 02 09, D-80702 München oder per E-Mail an lektorat@verlagshaus.de

Wir bedanken uns ganz herzlich bei „Nostalgie im Kinderzimmer“ für die freundliche Unterstützung mit Produkten aus ihrem Sortiment.
www.nostalgieimkinderzimmer.de

Die aufgeführten Rezept-Varianten beziehen sich immer auf das darüberstehende Rezept, ebenso die Zeitangaben.

Last minute PICKNICK

Blitzschnelle Rezepte für den Sommer im Freien

CHRISTIAN

Inhalt

Warenkunde

Vorräte – das können Sie immer zu Hause haben

Heute ist ein wunderschöner Tag, lass´ uns doch picknicken gehen! Ach herrje, die Läden sind ja schon zu! Dann wollen wir doch mal sehen, was Kühlschrank und Vorratsschrank so hergeben.

Aus Glas und Dose

Oliven, getrocknete Tomaten und eingelegte gegrillte Paprikaschoten – damit lassen sich einige schnelle Leckereien zaubern. Stückige Tomaten, Kokosmilch und Thunfisch erweitern die Möglichkeiten. Mit Apfelkompott und Sauerkirschen aus dem Glas ist auch das Dessert gerettet.

Couscous, Bulgur und Co.

Die kernigen Getreideprodukte gibt es als Instant-Varianten, die im Nu zubereitet sind – perfekt für Last-Minute-Picknickrezepte. Asiatische Reis- und Glasnudeln müssen nur überbrüht werden – das spart Zubereitungszeit.

Aus dem Kühlschrank

Schafskäse, Mozzarella und Gorgonzola gibt es abgepackt in jedem Supermarkt. Räucherlachs, Räucherforellen, Schinken und geräucherte Putenbrust ebenso. Sie halten einige Wochen im Kühlschrank und ermöglichen viele Rezepte.

Gekühlte Fertigteige

Blätterteig, Strudelteig und Pizzateig aus der Kühltheke – welch geniale Erfindung für die schnelle Küche! Man bekommt sie auch in hochwertiger Qualität ohne unerwünschte Zusatzstoffe im Bioladen.

Gut gewürzt

Eine kleine Auswahl an verschiedenen Essig- und Ölsorten, dazu Senf und Meerrettich sollten Sie immer zu Hause haben. Mayonnaise, Pesto, Mangochutney, Erdnussbutter und Co. erweitern das Repertoire. Frische Kräuter aus dem Garten oder im Blumentopf auf der Fensterbank geben den letzten Schliff.

Nüsse und Samen

Mit Walnusskernen, Cashewkernen, Pinienkernen, Erdnüssen, Sesamsamen und Co. bekommen z. B. Salate oder Desserts mehr Biss und nussige Würze. Ein paar davon sollten Sie immer parat haben.

Brot und Co.

Wenn keine frischen Backwaren greifbar sind, bieten Toastbrot, Baguette zum Aufbacken, Tortilla-Fladen und Pita-Taschen eine willkommene Alternative. Was Sie davon gerne essen, gehört unbedingt in Ihren Notfall-Vorrat!

Getränke

Für das zünftige Picknick ist Bier, für Weinliebhaber ein leichter Weißwein oder Rosé das Richtige. Denken Sie auch an alkoholfreie Getränke wie Mineralwasser und Softdrinks. Wie Sie alles am besten kühlen, lesen Sie auf Seite 15.

Frische Zutaten – tauschen und variieren

Sie haben genügend Zeit zu planen und die nötigen Zutaten zu besorgen? Na, dann steht Ihnen die komplette Rezeptpalette zur Verfügung!

Clever einkaufen

Gemüse und Obst, Fleisch und Fisch, Salat und Brot – so manches schmeckt frisch doch am besten. Wenn Sie also das Picknick einige Tage im Voraus planen, schreiben Sie sich eine Liste, was Sie neben den Zutaten aus dem Vorrat noch so brauchen. Manches davon lässt sich sicher beim Metzger, Bäcker oder Gemüsehändler vorbestellen. Dann brauchen Sie alles nur abzuholen und umgehen lange Warteschlangen.

Im Prinzip bekommen Sie alles für die Rezepte in diesem Buch im gut sortierten Supermarkt. Wenn zum Beispiel asiatische Zutaten doch nicht überall erhältlich sind, so ist in jedem Fall eine leichter verfügbare Alternative angegeben.

Sie gehen lieber auf den Markt und lassen sich inspirieren? Sehr gut! Fast alle Rezepte lassen sich in der einen oder anderen Weise abwandeln. Die Auberginen sehen heute ganz besonders appetitlich aus? Dann grillen Sie die anstatt der Zucchini von Seite 51 und bestreuen sie mit den würzigen Brotbröseln. Es gibt gerade keine Pfifferlinge, dafür schöne Steinpilze oder Austernpilze? Na, dann kommen die in den Kartoffelsalat mit Rucola-Mayonnaise (Rezept Seite 32). Es ist keine Süßkartoffel aufzutreiben? Kein Problem! Dann bereiten Sie die Salate von Seite 27 eben mit Butternut-Kürbis zu: Der schmeckt roh mariniert ebenso lecker.

Trauen Sie sich!

Sie finden bei allen Rezepten eine Variante, bei der die Grundzutaten wieder zum Einsatz kommen, die aber durch kleine Änderungen im Rezept geschmacklich in eine andere Richtung gehen. Wenn sich die Ungeübten unter Ihnen genau an die Anweisung halten, bekommen Sie so schon mal zwei unterschiedliche Gerichte. Versiertere Köche aber dürfen und sollen die Rezepte und ihre Varianten als Basis für eigene Kreationen betrachten. Wenn man den Blätterteig mit Gorgonzola und Mangochutney oder mit Schafskäse und Oliven füllen kann (Rezepte Seite 93), dann gehen doch sicher auch Camembert und Feigenkonfitüre! Oder vielleicht Brie und Quittengelee? Wenn die Pita-Taschen mit scharf gewürztem Hackfleisch und mit Thunfisch und Petersiliensalat schmecken (Rezepte Seite 90), dann gehen zum Petersiliensalat sicher auch Schafskäse, getrocknete Tomaten und geröstete Pinienkerne. Ach, Pinienkerne haben Sie

gerade keine im Vorrat? Dann nehmen Sie doch Walnusskerne oder Pekannusskerne. Geröstete Cashewkerne könnten auch passen, probieren Sie es aus!

Neu kombiniert

Wer sich noch nicht so richtig traut, beginnt am besten bei den Sandwiches: Toast, Baguette und Brötchen sind perfekte Übungsobjekte für kreative Neulinge in der Küche! Wenn zum Räucherlachs Zitronen-Meerrettich-Butter schmeckt, dann passen vielleicht auch Orange und Senf? Wer die Kombination aus pikant und fruchtig-süß nicht so gerne mag, bestreicht den Toast mit Basilikum-Pesto aus dem Glas und probiert, wie das geschmacklich mit dem Lachs harmoniert. Nicht schlecht, könnte aber für Ihren Geschmack würziger sein? Dann nehmen Sie doch beim nächsten Mal Rucola-Pesto. Das Prinzip ist sicher klar geworden: Sie müssen sich keinesfalls exakt an die Rezepte halten. Betrachten Sie sie als Vorschläge, die Sie inspirieren sollen, Ihre eigenen Ideen zu entwickeln.

Wer noch wenig Übung hat, fängt mit kleinen Abwandlungen an. Sie werden sehen, wie viel Spaß es macht! Für den Anfang genügt es oft schon, ein anderes Gewürz zu verwenden, um einem Gericht ein neues Aroma zu verpassen. So können Sie den Lammspießen von Seite 70 zum Beispiel mit Knoblauch und Rosmarin einen mediterranen Touch verpassen. Lassen Sie dann den Pflaumendip weg und bereiten stattdessen den Tomaten-Bulgursalat von Seite 35 dazu zu. Wer schon ein wenig mehr Kocherfahrung hat, kann nach Herzenslust tauschen oder abwandeln und erweitert so seinen Schatz an leckeren Picknickrezepten. Probieren Sie es aus und entwickeln Sie Ihre eigenen Lieblingsrezepte!

Geschickte Rezeptauswahl für eine stressfreie Zeit

Treffen Sie sich nur kurz zu zweit in der Mittagspause oder wollen Sie den Abend mit Freunden draußen verbringen? Danach richten sich Menge und Auswahl der Gerichte, die Sie vorbereiten und mitnehmen sollten.

Was soll es geben?

Soll es zu zweit mit dem Fahrrad in den Park oder mit der ganzen Familie im Auto an einen See gehen? Blättern Sie doch schon mal den Rezeptteil durch und überlegen, was Ihnen und Ihren Mit-Picknickern schmecken könnte. Manche Rezepte sind ideal für 2 Personen, andere lohnen sich erst bei mehreren Portionen. Einiges ist etwas schwieriger auf dem Fahrrad zu transportieren, anderes schmeckt gut gekühlt am besten. All das sollten Sie in Ihre Überlegungen mit einbeziehen.

Besitzen Sie Kühlboxen oder müssen Kühltaschen aus dem Supermarkt ausreichen? Denken Sie schon bei der Rezeptauswahl daran, dass Sie die Speisen später transportieren und gegebenenfalls kühl halten müssen! Wie Sie alles gut für den Transport verpacken, lesen Sie auf den Seiten 14-15.

Vorlieben, Antipathien und Allergien

Bei guten Freunden wissen Sie natürlich, wer was besonders gerne isst. Mit solchen Rezepten sind Sie schon mal auf der sicheren Seite. Ebenso wissen Sie auch, wer sich vegetarisch ernährt oder wer auf bestimmte Inhaltsstoffe allergisch reagiert. Gerichte mit entsprechenden Zutaten werden Sie daher vermeiden oder die fraglichen Zutaten ersetzen. Was aber, wenn der Freund die neue Partnerin oder Besucher mitbringt, deren Vorlieben man noch nicht kennt? Achten Sie bei der Auswahl darauf, dass für jeden etwas dabei ist. Bestimmte Gerichte können Sie – vorsichtshalber – getrennt mitnehmen und erst vor Ort kombinieren: So schmecken die Vanillekarotten und der gegrillte Spargel von Seite 48/49 Vegetariern pur, Fleischesser umwickeln das Gemüse vor dem Genuss mit einer Scheibe Schinken. Sind Sie sich nicht ganz sicher, ob einer der Teilnehmer möglicherweise allergisch auf Nüsse reagiert, so nehmen Sie diese – als Topping für Salat oder Dessert gedachte Komponente – einfach separat in einem Tütchen mit. So kann man sie zur Not auch weglassen.

Bei vielen Rezepten sehen Sie die Mengenangabe »Für 2–3« oder von »4–6 Personen«. Wenn es neben einem solchen Gericht nur noch ein kleines Dessert gibt, so sollte die Portion entsprechend größer bemessen sein. Wenn Sie einen ganzen lauen

Sommerabend zusammen beim Picknick verbringen, ist ein Sandwich für jeden etwas wenig. Beim schnellen Picknick in der Mittagspause dagegen wären mehrere »Gänge« zu viel. Daher gilt: Wie bei jeder Einladung sollten alle eine gewisse Auswahl haben, es muss sich aber nicht der Tisch biegen bzw. die Picknickdecke überladen werden. Schließlich möchten Sie nicht anschließend mehrere Tage Reste essen. Ganz abgesehen davon verderben manche Speisen, wenn sie einige Stunden im Freien in der Wärme verbracht haben und müssten am Ende weggeworfen werden.

Wie viel muss ich rechnen?

Wer sich nach Feierabend nur auf ein Stündchen am See trifft, für den reichen ein Wrap oder Sandwich, ein kleiner Salat und ein wenig (gewaschenes!) Obst. Für ein mehrstündiges Sommerfest sollten Sie entsprechend mehr bereitstellen: Ein kaltes Süppchen, etwas aus der Abteilung »Gebackenes«, ein, zwei Salate und/oder kalte Fisch- oder Fleischgerichte und natürlich 1–2 Desserts. Uff, das ist jede Menge Arbeit! Hat da nicht jemand gefragt, ob er etwas mitbringen könne? Stimmen Sie unbedingt zu und delegieren Sie einen Teil der Gerichte. So hat keiner allzu viel Arbeit. Und bei der nächsten Gelegenheit können Sie sich Ihrerseits mit einem kulinarischen Mitbringsel revanchieren.

Natürlich soll nicht nach kurzer Zeit alles verputzt sein! Eine kleine Reserve sollten Sie in petto haben. So können Sie zum Beispiel das Dessert noch in der Kühltasche belassen und erst anbieten, wenn die pikanten Sachen zur Neige gehen. Außerdem kommen oft ein wenig Käse, Brot und Obst für den späten Hunger sehr gelegen.

Gut kombiniert spart Zubereitungszeit

Ein wichtiger Aspekt bei der Rezeptauswahl ist die Vorbereitungszeit, die Ihnen zur Verfügung steht. In diesem Buch für Last-Minute-Rezepte braucht keines der Hauptrezepte länger als 30 Minuten; die Zubereitungszeit ist bei allen Rezepten angegeben. Bei mehreren Gerichten müssen Sie die Zeiten aber nicht unbedingt komplett addieren! Während nämlich beispielsweise die Blätterteighäppchen im Ofen sind, können Sie einen Salat zubereiten. Während die Schnitzel in der Pfanne brutzeln, ist ganz schnell ein einfaches Dessert zubereitet. Treffen Sie also eine kluge Auswahl, die Sie in der vorgegebenen Zeit gut schaffen. Wer noch nicht so versiert ist, findet in der hinteren Umschlagklappe vier beispielhafte »Menü«-Zusammenstellungen, die unkompliziert und schnell gemacht sind.

Gut verpackt und einfach transportiert

Ob im Korb, in der Klappbox oder der Kühltasche – hier erfahren Sie, was Sie wie am besten einpacken und sicher zum Picknick bringen.

Sandwiches

Sandwiches sind unkompliziert: Wickeln Sie sie einfach fest in Butterbrotpapier oder Folie, damit der Belag nicht herauspurzeln kann. Am besten frisch halten sie sich in Alufolie. Wenn Sie die Sandwiches also schon morgens für das Picknick nach Dienstschluss vorbereiten, ist Alufolie die beste Wahl. Liegt nur wenig Zeit zwischen Zubereitung und Verzehr, geht Butterbrotpapier genauso gut und ist für die Umwelt ressourcenschonender. Vorsichtig sein sollten Sie allerdings mit Belägen, die viel Salz oder Säure enthalten. Das Roastbeef-Sandwich mit Gurken-Relish (Rezept Seite 82) beispielsweise ist in Butterbrotpapier besser aufgehoben, weil der Zitronensaft im Relish mit dem Metall regiert, sich Aluminiumionen lösen und ins Sandwich übergehen können. Das sollten Sie übrigens generell zum Schutze Ihrer Gesundheit beachten und Alufolie nicht zum Einwickeln und Abdecken von säurehaltigen Lebensmitteln verwenden. Wenn nicht ein Deckel oder Teller möglich ist, nehmen Sie Klarsichtfolie.

Knusprig Gebackenes

Die Blätterteighäppchen, Käsepäckchen und Mini-Pizzas in diesem Buch (Rezepte Seite 93–99) werden alle in der Muffinform zubereitet. Und darin können Sie sie auch gleich transportieren. Wenn die Teilchen noch warm sind, legen Sie einfach ein Geschirrtuch über die Form. So kann letzter Dampf entweichen und die Teilchen bleiben frisch. Deckte man sie mit Alufolie ab, würde sich darunter feucht-warme Luft stauen, die dem Gebäck die Knusprigkeit raubt. Die Muffinform soll nicht mit? Dann geben Sie die abgekühlten Knusperstückchen auf einen Teller oder eine Platte und decken Sie diese mit dem Tuch ab.

Salate und Desserts

Bei Picknicks mit mehreren Personen haben Sie immer die Wahl, Salate und Desserts in größeren Schüsseln mitzunehmen oder gleich in Portionsgläser bzw. -schälchen abzufüllen. Wofür Sie sich entscheiden, bleibt natürlich Ihnen überlassen. Große Schüsseln haben den Vorteil, dass Sie nicht viele kleine einzeln verpacken und kleckerfrei an den Ort des Geschehens bringen müssen. Verschiedene Köstlichkeiten in Gläschen aber sind eleganter und sehen auch zu vorgerückter Stunde noch gut aus, wenn große Schüsseln bereits unschön verschmiert sind.

Kleine Gläser (erhältlich in Haushaltswarengeschäften und den Haushaltswarenabteilungen großer Kaufhäuser) stellen Sie am besten nebeneinander in eine größere Kunststoff- oder Gefrierbox, füllen die Zwischenräume mit zerknülltem Küchenpapier aus und geben Klarsichtfolie über die Box. So kann nichts verrutschen und alles kommt perfekt an.

Wie bei den Rezepten beschrieben, ist es oft sinnvoll, das Dressing und/oder das Topping separat mitzunehmen und die Speisen erst vor Ort zu vollenden. Manchen Salaten tut es gut, wenn sie – schon mit der Sauce vermischt – noch ein wenig durchziehen können. Schon angemachte Blattsalate aber fallen schnell zusammen. Da ist es besser, das Dressing in ein Schraubglas zu füllen, vor Ort noch einmal kräftig durchzuschütteln und erst dann über den Salat zu geben. Das Knuspertopping, zum Beispiel karamellisierte Nüsse, verliert in feuchter Umgebung schnell an Biss. Nehmen Sie es also in einem Papiertütchen mit und streuen Sie es erst kurz vor dem Genuss auf das Gericht.

Richtig kühlen

Wer gerne picknicken geht, sollte immer ausreichend Kühlakkus und Kühlpads im Gefrierfach haben. So können Sie alle Speisen, die kalt besser schmecken oder bei Hitze leicht verderben, mit diesen in die Kühlbox packen und so sicher transportieren.

Im Rezeptteil finden Sie unter anderem Rezepte für kalte Sommersüppchen (Rezepte Seite 20–25). Die füllen Sie zum Transport am besten in eine Flasche und stecken diese in eine Kühlmanschette. So bleibt die Suppe schön kalt und ist wunderbar erfrischend. So können Sie im Übrigen auch Getränke schnell kühlen. Bei schon gut im Kühlschrank durchgekühlten Flaschen reicht es aus, sie in eine Isoliertasche zu packen. So bleiben sie über einige Stunden schön kühl.

Die Schüssel mit dem Salat passt nicht mehr in die Kühltasche? Macht nichts! Decken Sie sie zunächst mit Klarsichtfolie ab. Tränken Sie dann ein Geschirrtuch mit kaltem Wasser, wringen es aus und legen es darüber. Das Tuch wird langsam trocken und der Schüsselinhalt bleibt durch die Verdunstungskälte frisch und kühl.

Ist es schwierig, bei Ihrem Picknick alle Speisen zu kühlen, so wählen Sie schon im Vorfeld eher unempfindliche Gerichte: Solche mit Mayonnaise, Fisch oder rohen Eiern sind da wenig geeignet. Denn wenn diese zu lange der Wärme ausgesetzt sind, können sich rasch gefährliche Keime vermehren. Aus diesem Grund sollten Sie auch Reste, die eine Weile in der Sonne gestanden haben, am Ende lieber entsorgen, ehe sich am nächsten Tag jemand daran den Magen verdirbt.

Rezepte

Suppen, Salate & Gemüse

Gurkensuppe
mit Joghurt und Walnüssen

15 Minuten | Für 4–6 Personen

1 Salatgurke
1–2 Knoblauchzehen
10 Walnusskernhälften
½ Bund Dill
500 g Vollmilchjoghurt
2 EL Walnussöl
Salz
frisch gemahlener schwarzer Pfeffer

1. Die Gurke schälen und grob raspeln. Den Knoblauch abziehen. Die Walnusskernhälften fein hacken. Den Dill abbrausen, trockenschütteln, die groben Stiele entfernen und den Rest fein schneiden und eine kleine Menge zur Seite stellen.

2. Zwei Drittel der Gurkenraspel mit Joghurt, Knoblauch, Walnussöl und 120 ml Wasser im Standmixer (oder in einem hohen Gefäß mit dem Pürierstab) fein aufmixen. Übrige Gurkenraspel, Dill und zwei Drittel der gehackten Walnusskerne unterrühren. Mit Salz und Pfeffer abschmecken, in eine Flasche mit weitem Hals füllen und bis zum Transport kalt stellen. Die übrigen Walnusskerne und den restlichen Dill zum Mitnehmen in ein Tütchen packen.

3. Die Gurkensuppe beim Picknick kräftig schütteln, in Tassen oder Gläser füllen und mit den übrigen Walnusskernen und nach Wunsch mit Dill bestreuen.

Variante Gurken-Joghurt-Suppe mit Pfeffermakrele

+ 3 Minuten

2 EL Rapskernöl
1 Pfeffermakrelenfilet (ca. 100 g)
½ TL unbehandelte Zitronenzesten
1 EL gehackter Dill

1. Die Suppe wie beschrieben zubereiten, die Walnusskernhälften weglassen und das Walnussöl durch Rapskernöl ersetzen. Das Pfeffermakrelenfilet häuten, in feine Würfel schneiden und mit Zitronenzesten sowie Dill mischen.

2. Die Mischung zum Transport in eine kleine Gefrierdose oder in ein Gläschen füllen. Die Gurkensuppe beim Picknick damit garnieren.

Erbsensuppe

mit Spinat und Minz-Pesto

30 Minuten | Für 4–6 Personen

Für die Suppe

je 1 Schalotte und Knoblauchzehe
2 EL Rapskernöl
300 g TK-Erbsen
500 ml Gemüsebrühe
100 g Babyspinat
Salz, frisch gemahlener schwarzer Pfeffer
frisch geriebene Muskatnuss

Für das Pesto

1 Bund Minze
40 g Mandelstifte
2 EL Zitronensaft
4 EL Rapskernöl
Salz
frisch gemahlener schwarzer Pfeffer
Zucker

1. Für die Suppe Schalotte und Knoblauch abziehen, fein hacken und in einem Topf im erhitzten Öl anschwitzen. Erbsen und Gemüsebrühe dazugeben, aufkochen und etwa 5 Minuten köcheln lassen.

2. Den Spinat waschen, verlesen und zur Suppe geben. Topf vom Herd nehmen, Suppe fein pürieren. Mit Salz, Pfeffer und Muskat würzen. Topf in Eiswasser stellen, die Suppe abkühlen lassen.

3. Für das Minz-Pesto die Minze abbrausen, trockenschütteln und die Blätter abzupfen. Mit Mandelstiften, Zitronensaft und Öl im Standmixer (oder in einem hohen Gefäß mit dem Pürierstab) fein pürieren. Mit Salz, Pfeffer und 1 Prise Zucker abschmecken.

4. Suppe in eine Flasche mit weitem Hals füllen. Pesto in ein Schraubglas füllen, beim Picknick auf die Suppe geben.

Variante Erbsen-Spinat-Suppe mit Zitronen-Feta

± 0 Minuten

80 g Feta (Schafskäse)
1 unbehandelte Zitrone
2–3 Zweige frischer Zitronenthymian

1. Die Suppe wie beschrieben, bis auf das Pesto, zubereiten.

2. Den Schafskäse in ein Schraubglas bröseln. Zitrone heiß abbrausen, trockentupfen und die Schale mit einem Zestenreißer abziehen. Zitronenthymian abbrausen, die Blättchen abstreifen und hacken. Beides ins Glas geben. Die Suppe beim Picknick damit garnieren.

Rote Gemüsesuppe
mit Orange und Chiliöl

30 Minuten | Für 4–6 Personen

2 Schalotten
1 Knoblauchzehe
1 Glas geröstete und gehäutete Paprikaschoten in Öl (280 g Abtropfgewicht)
½ TL Zucker
1 Dose stückige Tomaten (400 ml)
100 ml Gemüsebrühe
1 unbehandelte Orange
Salz
frisch gemahlener schwarzer Pfeffer
3–4 kleine rote Thai-Chilischoten (z. B. aus dem Asialaden)
6 EL neutrales Öl
3–4 Zweige frischer Koriander
Eiswürfel für das Eiswasser

1. Schalotten und Knoblauch abziehen, fein hacken. Paprikaschoten abtropfen lassen, dabei 2 EL Öl auffangen. Dieses in einem Topf erhitzen. Schalotten, Knoblauch und Zucker darin unter Rühren hell karamellisieren lassen. Paprikaschoten, Tomaten und Brühe zufügen, aufkochen und 2–3 Minuten köcheln lassen.

2. Die Orange heiß abbrausen, trockentupfen und von einer Hälfte die Schale fein abreiben. Anschließend die Frucht auspressen. Orangensaft und -schale zur Suppe geben und diese fein pürieren. Salzen, pfeffern und in Eiswasser abkühlen lassen. Zum Transport in eine Flasche mit weitem Hals füllen.

3. Für das Chiliöl die Chilis abbrausen, putzen und klein schneiden. Im Mörser mit einer Prise Salz fein zerreiben, Öl unterrühren. Koriander abbrausen, trockenschütteln, fein hacken und unterrühren. In eine kleine Dose füllen, beim Picknick auf die Suppe geben.

Variante Tomaten-Kokos-Suppe

± 0 Minuten
1 Dose ungesüßte Kokosmilch (400 ml)
1 Pck. passierte Tomaten (400 g)
1–2 TL rote Thai-Currypaste
1–2 EL Limettensaft
2 EL Kokoschips

1. Kokosmilch, passierte Tomaten, Currypaste und 100 ml Wasser in einem Topf verrühren und aufkochen lassen. Mit Salz, Zucker und Limettensaft würzen.

2. Die Kokoschips in einer beschichteten Pfanne ohne Fettzugabe rösten. Abgekühlt in ein Papiertütchen packen. Beim Picknick auf die Suppe geben.

SUPPE

Süßkartoffelsalat

mit Zitronengras-Cashew-Knusper

25 Minuten | Für 4–6 Personen

2 Stängel Zitronengras
40 g geröstete, gesalzene Cashewkerne
500 g junge Süßkartoffeln
1 große rote Chilischote
1 großes Bund Koriander
4 EL Limettensaft
½ TL Salz
1 TL Zucker
1 EL geröstetes Sesamöl
3 EL neutrales Pflanzenöl

1. Den Backofen auf 180 °C (Ober-/Unterhitze) vorheizen, ein Blech mit Backpapier belegen. Das Zitronengras von äußeren harten Blättern befreien, das weiche untere Drittel fein schneiden. Mit den Cashewkernen im Blitzhacker fein zerkleinern. Auf das Blech bröseln, in 8–10 Minuten im Ofen knusprig rösten. Abkühlen lassen.

2. Inzwischen die Süßkartoffeln schälen, waschen und mit dem Sparschäler in feinen Streifen abziehen. Die Chilischote abbrausen, putzen und fein schneiden. Koriander abbrausen und trockenschütteln, dicke Stiele entfernen, den Rest grob hacken.

3. Aus Limettensaft, Salz, Zucker, Chili und den beiden Ölen ein Dressing rühren. Süßkartoffeln untermischen, in eine Schüssel füllen und abdecken. Die Knusperbrösel in einem Papiertütchen mitnehmen, beim Picknick auf den Salat streuen.

Variante Süßkartoffelsalat mit Mango

± 0 Minuten

1–2 EL gehackte Minze
1 reife Mango
6 Paranusskerne

1. Den Süßkartoffelsalat wie beschrieben zubereiten, dabei das Sesamöl weglassen und den Koriander durch die Minze ersetzen.

2. Die Mango schälen, das Fruchtfleisch vom Stein schneiden und klein würfeln. Paranusskerne in sehr dünne Scheiben schneiden und beides unter den Salat mischen.

Butternutkürbis

gegrillt mit Orange und Mandeln

30 Minuten | Für 4–6 Personen

500 g Butternut-Kürbis (geputzt 400 g)
2 EL neutrales Pflanzenöl
1 kleine unbehandelte Orange
30 g Mandelblättchen
Salz
Cayennepfeffer
3 EL Walnussöl
2–3 Zweige frische Zitronenmelisse

1. Den Backofen auf 220 °C (Ober-/ Unterhitze) vorheizen. Den Kürbis schälen, entkernen und in dünne Scheiben hobeln. Mit dem Öl mischen, auf einem Blech verteilen, Backofengrill dazuschalten und den Kürbis auf oberster Schiene etwa 10 Minuten grillen.

2. Die Orange heiß abbrausen, trockentupfen und die Schale in feinen Zesten abziehen, dann die Frucht auspressen. Den Kürbis auf dem Blech wenden. Orangenzesten und Mandelblättchen darüberstreuen, die Hälfte des Orangensaftes angießen und den Kürbis in 8–10 Minuten unter dem Backofengrill weich garen.

3. Übrigen Orangensaft mit je einer Prise Salz, Cayennepfeffer und dem Walnussöl verrühren. Zitronenmelisse abbrausen, trockenschütteln und die Blätter zupfen. Alles mit dem Kürbis mischen und für den Transport in eine gut schließende Schüssel füllen.

Variante Butternut mit Apfelspalten

+5 Minuten

1 säuerlicher Apfel
4–5 Zweige frischer Thymian
1 Knoblauchzehe
5 EL Olivenöl
100 ml Apfelsaft
30 g Mandelstifte

1. Apfel waschen, vierteln und ohne Kerngehäuse in Spalten schneiden. Thymian abbrausen und trockenschütteln, die Blättchen abstreifen. Knoblauch abziehen und fein hacken. Mit Kürbis und 2 EL Olivenöl mischen, auf dem Blech verteilen und wie beschrieben grillen. Den Orangensaft durch 50 ml Apfelsaft und die Mandelblättchen durch Mandelstifte ersetzen.

2. Sauce mit übrigem Saft und restlichem Olivenstatt Walnussöl anrühren, die Melisse weglassen.

Apfel-Coleslaw
mit Entenbrust

30 Minuten | Für 2 Personen

1 kleine Entenbrust (ca. 250 g)
Salz
frisch gemahlener schwarzer Pfeffer
250 g Spitzkohl
½ TL Zucker
1 kleiner säuerlicher Apfel
2 EL Zitronensaft
2 EL Rapskernöl

1. Entenbrust kalt abbrausen, mit Küchenpapier abtupfen und die Haut rautenförmig einritzen. Mit der Hautseite in eine kalte Pfanne legen und bei mittlerer Temperatur 7–8 Minuten goldbraun braten. Die Brust salzen, wenden und in 7–8 Minuten fertig garen.

2. Inzwischen den Spitzkohl putzen, waschen und die Blätter fein schneiden oder hobeln. Mit je ½ TL Salz und Zucker in eine Schüssel geben und etwa 2 Minuten mit den Händen durchkneten.

3. Den Apfel waschen, vierteln und das Kerngehäuse entfernen. Die Viertel grob zum Spitzkohl raspeln. Zitronensaft und Öl dazugeben, durchmischen und zum Transport in eine gut schließende Schüssel füllen.

4. Die Entenbrust herausnehmen und etwa 10 Minuten ruhen lassen. Dann quer in dünne Scheiben schneiden und zum Mitnehmen in Alufolie wickeln. Beim Picknick zum Apfel-Coleslaw servieren.

Variante Rotkohl-Birnen-Salat mit Chia-Samen

± 0 Minuten
250 g Rotkohl
1 reife Birne
1 EL getrocknete Cranberrys
2 EL Walnussöl
1 TL Chia-Samen

1. Die Entenbrust wie beschrieben zubereiten. Den Rotkohl wie den Spitzkohl hobeln und mit Salz und Zucker weich kneten.

2. Birne schälen, ohne Kerngehäuse dazuraspeln. Cranberrys grob hacken, beides mit Zitronensaft und Walnussöl mischen. Salat mit Chia-Samen bestreuen und beim Picknick zur Entenbrust servieren.

Kartoffelsalat

mit Pfifferlingen und Rucola-Mayo

25 Minuten | Für 2–3 Personen

300 g festkochende Kartoffeln
Salz
250 g Pfifferlinge
2 EL Rapskernöl
frisch gemahlener schwarzer Pfeffer
½ Bund Rucola
je 1 EL Salatmayonnaise und Joghurt
1 EL Zitronensaft
Zucker

1. Die Kartoffeln schälen, waschen und in etwa 1 cm große Würfel schneiden. In einem Topf mit Wasser bedecken, salzen und in ca. 10 Minuten weich kochen. In ein Sieb abgießen und lauwarm abkühlen lassen.

2. Inzwischen die Pfifferlinge putzen und 3–4 Minuten bei hoher Temperatur im Öl braten, mit Salz und Pfeffer würzen.

3. Den Rucola waschen, trockenschütteln und fein schneiden. Mayonnaise mit Joghurt, Zitronensaft, je einer kräftigen Prise Salz und Pfeffer sowie einer kleinen Prise Zucker verrühren. Rucola unterrühren, Kartoffeln und Pilze unterheben. Zum Mitnehmen in eine Transportdose füllen.

Variante Kartoffelsalat mit Räucherforelle, Apfel und Wasabi

± 0 Minuten
1 grüner Apfel
1 EL Zitronensaft
2 TL Wasabi-Paste (japanischer Meerrettich; aus dem Asialaden)
125 g geräucherte Forellenfilets
½ Kästchen Kresse

1. Die Kartoffeln wie beschrieben garen. Den Apfel waschen, ohne Kerngehäuse in etwa 0,5 cm große Würfel schneiden und mit dem Zitronensaft beträufeln.

2. Mayonnaise und Joghurt mit der Wasabi-Paste und einer kräftigen Prise Salz verrühren. Apfel- und Kartoffelwürfel untermischen. Die Forellenfilets in mundgerechte Stücke zerpflücken und statt der Pfifferlinge untermischen. Die Kresse vom Beet schneiden und darüberstreuen.

Bulgursalat
mit Tomaten, Spinat und Schafskäse

25 Minuten | Für 4 Personen

150 ml Tomatensaft
½ TL Harissa (scharfe Chilipaste)
Salz
150 g Bulgur
150 g Babyspinat
150 g Kirschtomaten
Saft von 1 Zitrone
frisch gemahlener schwarzer Pfeffer
6 EL Olivenöl
80 g grüne Oliven
100 g Schafskäse

1. Den Tomatensaft in einem Topf mit Harissa und 1 Prise Salz verrühren und aufkochen lassen. Bulgur einrühren, den Topf vom Herd nehmen und den Bulgur 10 Minuten zugedeckt quellen lassen. Dann zum schnelleren Auskühlen auf einem Teller verteilen.

2. Inzwischen den Spinat waschen, verlesen und trockenschleudern. Die Kirschtomaten waschen und halbieren.

3. Den Zitronensaft mit je 1 kräftigen Prise Salz und Pfeffer und dem Olivenöl in ein Schraubglas geben.

4. Den Tomatenbulgur in große, gut schließende Gläser geben. Spinat, Kirschtomaten und Oliven darauf verteilen und den Schafskäse darüberbröseln. Beim Picknick das Dressing kräftig schütteln und darübergeben.

Variante Bulgursalat mit Spinat und Wassermelone

± 0 Minuten
200 g Wassermelonenfruchtfleisch
100 g kernlose Trauben
30 g Parmesan (am Stück)
1 TL Ahornsirup
1 TL mittelscharfer Senf

1. Den Tomatenbulgur wie beschrieben zubereiten. Die Wassermelone in mundgerechte Stücke schneiden. Die Trauben waschen und halbieren. Vom Parmesan mit einem Sparschäler Späne abhobeln.

2. Kirschtomaten und Oliven weglassen. Tomatenbulgur, Babyspinat, Parmesanspäne, Melonenstücke und Trauben in die Gläser geben. Beim Dressing noch Ahornsirup und Senf hinzufügen.

Reisnudelsalat

mit Schweinefleisch und Erdnüssen

30 Minuten | Für 4 Personen

150 g schmale Reisbandnudeln (z. B. aus dem Asialaden)
250 g Schweinenackensteaks
1 TL Zucker
2 EL neutrales Öl
3–4 kleine grüne Thai-Chilischoten
4 EL Limettensaft
4 EL Fischsauce
1 Bund Koriander
1 Handvoll Brunnenkresse
2–3 Stiele süßes Thai-Basilikum (aus dem Asialaden)
60 g geröstete, gesalzene Erdnüsse

1. Die Reisnudeln in eine hitzebeständige Schüssel geben, mit kochendem Wasser übergießen und 7–8 Minuten ziehen lassen. Gelegentlich mit einer Gabel auflockern. Wenn die Nudeln weich sind, in ein Sieb abgießen, mit kaltem Wasser abbrausen und gut abtropfen lassen. Mit einer Küchenschere kleiner schneiden (so lassen sie sich beim Picknick besser essen!).

2. Inzwischen das Fleisch kalt abbrausen, trockentupfen, in schmale Streifen schneiden und mit ½ TL Zucker bestreuen. Das Öl in einer Pfanne erhitzen und das Fleisch darin bei hoher Temperatur 2–3 Minuten braten.

3. Die Chilis abbrausen, putzen und fein hacken. Mit Limettensaft, Fischsauce und übrigem Zucker in einer Schüssel mischen.

4. Die Kräuter abbrausen, trockenschütteln und die Blätter abzupfen. Nudeln zur Sauce geben. Fleisch und Kräuter unterheben. Erdnüsse im Mörser grob zerstoßen, darüberstreuen. Schüssel mit Folie abdecken bzw. den Salat in gut schließende Gläser füllen.

Variante Reisnudelsalat mit Hühnchen und Cashewkernen

± 0 Minuten
250 g Hähnchenbrustfilet
60 g geröstete, gesalzene Cashewkerne

Den Reisnudelsalat wie beschrieben zubereiten. Statt Schweinenacken das Hähnchenbrustfilet kalt abbrausen, trockentupfen, in Streifen schneiden und braten. Anstelle der Erdnüsse Cashewkerne auf den Salat streuen.

Tipp Falls Sie kein Thai-Basilikum bekommen, ersetzen Sie es durch Minze, statt der Thai-Chilis können Sie auch ½ –1 TL Sambal Oelek (aus dem Glas) verwenden.

Glasnudelsalat

mit Garnelen und Wasabi-Erbsen

25 Minuten | Für 3–4 Personen

100 g Glasnudeln
2–3 Frühlingszwiebeln
100 g kleine Kirschtomaten
½ Bund Koriander
1 große rote Chilischote
3 EL Limettensaft
3 EL Fischsauce
1 gehäufter TL Zucker
1 EL neutrales Öl
200 g gegarte Garnelen (aus der Kühltheke)
2 EL Wasabi-Erbsen (Knabberartikel)

1. Glasnudeln mit kochendem Wasser übergießen, etwa 4 Minuten ziehen lassen. In ein Sieb abgießen, abtropfen lassen und mit einer Schere kleiner schneiden.

2. Frühlingszwiebeln putzen, waschen und in feine Ringe schneiden. Die Kirschtomaten waschen und halbieren. Koriander abbrausen, trockenschütteln und grob hacken.

3. Die Chilischote abbrausen, längs aufschneiden, putzen und klein schneiden. Mit Limettensaft, Fischsauce, Zucker und Öl verrühren. Alle vorbereiteten Zutaten mischen. Garnelen abbrausen, abtropfen lassen und unterheben. Zum Mitnehmen in eine gut schließende Schüssel oder Gläschen füllen.

4. Wasabi-Erbsen im Mörser zerstoßen. In ein Papiertütchen füllen, beim Picknick auf den Salat streuen.

Variante Glasnudelsalat mit Sesamtofu

+ 10 Minuten

400 g schnittfester Tofu
3 EL helle Sojasauce
1 EL geröstetes Sesamöl
2 EL Rapskernöl
1 EL Sesamsamen

1. Den Tofu in etwa 2 cm große Würfel schneiden. Mit Sojasauce und Sesamöl mischen und etwa 15 Minuten durchziehen lassen. Inzwischen den Glasnudelsalat ohne Garnelen zubereiten.

2. Das Öl in einer Pfanne erhitzen. Die Tofuwürfel abtupfen und 3–4 Minuten von allen Seiten knusprig braten. Sesamsamen darüberstreuen und 1 Minute mitbraten. Die Sesamtofuwürfel separat einpacken und beim Picknick auf den Salat geben.

Kichererbsensalat
mit Lammstreifen

25 Minuten | Für 4 Personen

½ TL Korianderkörner
½ TL Kreuzkümmelsamen
1 Knoblauchzehe
1 Stück frischer Ingwer (ca. 1 cm)
1 großes Lammrückenfilet (ca. 250 g)
4 EL Olivenöl
Salz
1 rote Zwiebel
6 getrocknete Tomaten in Öl
3 EL Zitronensaft
¼ TL Chiliflocken
Zucker
1 Dose gegarte Kichererbsen (ca. 400 g Abtropfgewicht)

1. Korianderkörner und Kreuzkümmelsamen im Mörser fein zerstoßen. Knoblauch abziehen, Ingwer schälen und beides fein dazureiben. Das Lammrückenfilet kalt abbrausen, mit Küchenpapier trockentupfen und mit der Würzmischung einreiben.

2. Dann 1 EL Olivenöl in einer Pfanne erhitzen und das Lammrückenfilet darin von jeder Seite etwa 3 Minuten braten. Salzen und abkühlen lassen.

3. Zwiebel abziehen, längs halbieren und in feine Spalten schneiden. Tomaten abtropfen lassen, fein würfeln. Zitronensaft mit Chiliflocken und übrigem Olivenöl (3 EL) verrühren, mit Salz und Zucker abschmecken. Kichererbsen in ein Sieb abgießen und abtropfen lassen. Mit Tomaten und Zwiebelspalten unter das Dressing mischen und in gut schließende Transportdosen füllen.

4. Das Fleisch quer in dünne Scheiben schneiden, in Alufolie wickeln. Beim Picknick auf den Salat geben.

Variante Kichererbsensalat mit Tahinasauce

- 5 Minuten

150 g Joghurt
1 EL Tahina (Sesampaste)
2 EL Zitronensaft
½ TL Kreuzkümmelpulver
Salz, Zucker, Cayennepfeffer
1 Bund Rucola

1. Das Lamm wie beschrieben zubereiten. Joghurt, Tahina, Zitronensaft und Kreuzkümmel verrühren und mit Salz, Zucker und Cayennepfeffer abschmecken. Kichererbsen untermischen.

2. Den Rucola waschen, trockenschütteln, dicke Stiele entfernen, den Rest zerzupfen und untermischen. Beim Picknick zum Lamm servieren.

Ball
crafted for quality–
sealed for freshness
Made in USA

Rote-Bete-Salat

mit Blauschimmelkäse

25 Minuten | Für 4 Personen

1 rosa Grapefruit
Salz, frisch gemahlener schwarzer Pfeffer
Zucker
1 EL mittelscharfer Senf
4 EL Olivenöl
je ½ Bund Minze und Koriander
500 g gegarte Rote Bete (vakuumverpackt)
150 g Feldsalat
120 g milder Blauschimmelkäse

1. Die Grapefruit über einer Schüssel so dick schälen, dass auch die weiße Haut entfernt wird. Fruchtfleisch zwischen den Trennhäutchen herausschneiden und klein schneiden, den Saft dabei auffangen.

2. Den Grapefruitsaft mit je 1 kräftigen Prise Salz, Pfeffer und Zucker, Senf und Öl verrühren. Kräuter abbrausen, trockenschütteln, Blätter grob hacken und dazugeben. Die Rote Bete klein würfeln und mit den Grapefruitstückchen untermischen.

3. Den Feldsalat waschen und trockenschleudern. Den Käse in etwa 1 cm große Würfel schneiden.

4. Den Rote-Bete-Salat in große, gut schließende Gläser füllen. Den Feldsalat und den Käse daraufgeben und die Gläser zum Mitnehmen verschließen.

Tipp Kaufen Sie am besten kleinblättrigen Feldsalat, der nur gewaschen, nicht aufwendig geputzt werden muss!

Variante Rote-Bete-Salat mit Schafskäse

± 0 Minuten
150 g Wildkräutermischung (z. B. auf dem Markt oder im gut sortierten Supermarkt erhältlich, ersatzweise Rucola)
120 g milder Schafskäse
60 g schwarze Oliven

1. Den Rote-Bete-Salat wie beschrieben zubereiten.

2. Anstelle des Feldsalates die Wildkräutermischung verwenden, statt Blauschimmelkäse den Schafskäse würfeln und daraufgeben und die Oliven hinzufügen.

Mangoldsalat

mit Pflaumen und Haselnüssen

25 Minuten | Für 4 Personen

40 g Haselnusskerne
200 g Babymangold
250 g Pflaumen
80 g Serranoschinken (in Scheiben)
3 EL Weißweinessig
3 EL Apfelsaft
1 EL Pflaumenmus
1 TL Rotisseur-Senf (grobkörniger Senf)
Salz
frisch gemahlener schwarzer Pfeffer
2 EL neutrales Öl
2 EL Haselnussöl

1. Die Haselnusskerne grob hacken und in einer beschichteten Pfanne ohne Fettzugabe bei schwacher Temperatur anrösten. Abkühlen lassen.

2. Den Babymangold waschen und trockenschleudern. Die Pflaumen waschen, entsteinen und in Spalten schneiden. Den Schinken in mundgerechte Stücke zupfen. Alles in vier große Gläser mit Bügelverschluss geben.

3. Essig, Apfelsaft, Pflaumenmus, Senf, je 1 kräftige Prise Salz und Pfeffer und die beiden Öle in ein Schraubglas geben und durchschütteln.

4. Haselnusskerne auf den Salat geben, Gläser verschließen. Das Dressing beim Picknick noch einmal kräftig schütteln und darüber verteilen.

Variante Pflücksalat mit Roquefort und Trauben

± 0 Minuten
200 g Pflücksalat
150 g kernlose Trauben, halbiert
10 Walnusskernhälften
100 g Roquefort
1 EL Quittengelee
4 EL Walnussöl

1. Pflücksalat waschen, trockenschleudern und den Mangold dadurch ersetzen. Statt Pflaumen die Trauben nehmen, die Haselnusskerne durch Walnusskerne ersetzen und den Schinken durch fein zerbröselten Roquefort. Wie beschrieben zubereiten.

2. Beim Dressing anstelle von Pflaumenmus Quittengelee und statt der beiden Öle das Walnussöl verwenden und wie beschrieben zubereiten.

FOOD
FACTORY

Fenchelsalat

mit Orangen und Ölsardinen

20 Minuten | Für 4 Personen

2 Orangen
50 g Rosinen
½ TL Fenchelsamen
1 Fenchelknolle (ca. 300 g)
2 EL Rapskernöl
Salz
frisch gemahlener schwarzer Pfeffer
1 Dose Ölsardinen (120 g Abtropfgewicht)

1. Die Orangen über einer Schüssel so dick schälen, dass auch die weiße Haut entfernt wird. Die Orangenfilets zwischen den Trennhäutchen herausschneiden, den Saft dabei auffangen. Die Rosinen grob hacken und mit den Orangenfilets zum Saft geben.

2. Die Fenchelsamen in einer beschichteten Pfanne ohne Fettzugabe anrösten, abkühlen lassen und im Mörser fein zerstoßen.

3. Vom Fenchel das Grün abschneiden. Die Knolle waschen, längs aufschneiden, den Strunk entfernen und die Hälften fein hobeln. Mit den Fenchelsamen und dem Öl zu den Orangen geben, gut vermischen und mit Salz und Pfeffer abschmecken.

4. Den Fenchel-Orangen-Salat auf gut schließende Gläser verteilen. Die Ölsardinen abtropfen lassen, zerpflücken und darauf anrichten. Mit dem Fenchelgrün garnieren.

Variante Fenchel-Orangen-Salat mit Macadamianüssen

± 0 Minuten
60 g geröstete, gesalzene Macadamianüsse

Den Salat wie beschrieben zubereiten. Statt der Ölsardinen die Macadamianüsse grob hacken und mit dem Fenchelgrün aufstreuen.

Vanillekarotten

mit Parmaschinken

30 Minuten | Für 4–6 Personen

1 Bund Karotten
(nicht zu dick)
2 EL Rapskernöl
1 EL Butter
1 Vanilleschote
Salz
Zucker
150 g Parmaschinken
(in Scheiben)

1. Von den Karotten das Kraut bis auf etwa 3 cm entfernen, die Karotten schälen. Öl und Butter in einer Pfanne erhitzen, Karotten darin anbraten. Vanilleschote längs aufschneiden, das Mark herauskratzen und beides zu den Karotten geben. Mit jeweils 1 kräftigen Prise Salz und Zucker würzen, Karotten zugedeckt bei geringer Temperatur in 8–10 Minuten bissfest dünsten, dabei die Pfanne von Zeit zu Zeit rütteln.

2. Vanillekarotten erkalten lassen und jeweils mit einer Schinkenscheibe umwickeln.

Tipp Wenn nicht genügend Zeit ist, um die Karotten vollständig abkühlen zu lassen, den Schinken separat mitnehmen und die Karotten beim Picknick umwickeln. So können übrigens auch Vegetarier die Vanillekarotten pur genießen.

Variante Gegrillter grüner Spargel mit Schinken

± 0 Minuten
500 g grüner Spargel
1 Knoblauchzehe
3–4 Zweige frischer Thymian
200 g gekochter Prager
Schinken

1. Den Spargel im unteren Drittel schälen, Stangen abbrausen und die Enden abschneiden. Eine Grillpfanne erhitzen und die Stege mit 1 EL Öl bestreichen. Den Spargel darin bei mittlerer Temperatur in 8–10 Minuten bissfest grillen, dabei gelegentlich wenden.

2. Knoblauch abziehen. Thymian abbrausen, trockenschütteln, Blätter abstreifen und beides fein hacken. In der letzten Minute über den Spargel streuen, salzen und pfeffern. Abkühlen lassen, mit Schinken umwickeln.

Gegrillte Zucchini
mit Knoblauch-Thymian-Brotbröseln

30 Minuten | Für 4 Personen

50 g altbackenes Weißbrot
1 Knoblauchzehe
4–5 Zweige frischer Thymian
2 Zucchini (ca. 400 g)
ca. 4 EL Olivenöl
Salz
frisch gemahlener schwarzer Pfeffer
1 unbehandelte Zitrone

1. Das Brot würfeln. Knoblauch abziehen und grob hacken. Den Thymian abbrausen, trockenschütteln und die Blättchen abstreifen. Alles zusammen im Blitzhacker zerkleinern.

2. Zucchini waschen, putzen und in etwa 3 mm dünne Scheiben schneiden. Eine Grillpfanne erhitzen und vor allem die Stege mit 2 EL Öl einpinseln. Zucchini darin portionsweise von jeder Seite etwa 3 Minuten braten, salzen und pfeffern. Dachziegelförmig auf einer Platte anrichten. Zitrone heiß abwaschen, trockentupfen und ein wenig Schale über die Zucchini reiben. Wenn die Zucchini ganz abgekühlt sind, die Platte zum Mitnehmen mit Klarsichtfolie abdecken.

3. Gleichzeitig in einer Pfanne das übrige Öl erhitzen, und die Brotbrösel darin in 3–4 Minuten unter gelegentlichem Rühren goldbraun braten. Ganz abkühlen lassen und dann in ein Schraubglas füllen. Beim Picknick auf die Zucchini streuen.

Variante Gegrillte Zucchini mit Fetabröseln

± 0 Minuten

1 EL Pinienkerne
60 g Schafskäse
3 getrocknete Tomaten in Öl
1 Prise getrockneter Thymian

1. Die Zucchini wie beschrieben zubereiten. Die Pinienkerne ohne Fettzugabe in einer beschichteten Pfanne bei geringer Temperatur goldbraun anrösten. Abkühlen lassen und grob hacken.

2. Schafskäse zerkrümeln. Tomaten abtropfen lassen und fein hacken. Beides mit Pinienkernen und Thymian mischen, sogleich über die Zucchini streuen.

Fisch & Fleisch

Fischplätzchen
asiatisch mit Tamarinden-Dip

30 Minuten | Für 20 Stück

1 Karotte (ca. 100 g)
1 gestrichener TL Salz
400 g frisches Lachsfilet
1 ½ EL rote Currypaste (Asialaden)
abgeriebene Schale und Saft von 1 unbehandelten Limette
500 ml Öl zum Frittieren
2 EL Tamarindenpaste (aus dem Glas, Asialaden)
1 TL brauner Zucker

1. Karotte schälen, putzen und fein raspeln. Salz in 4 EL Wasser auflösen.

2. Das Fischfilet kalt abbrausen, trockentupfen, durch den Fleischwolf drehen und in eine Schüssel geben. Salzwasser und Currypaste gut unterrühren. Karottenraspel und Limettenschale untermischen.

3. Aus der Masse mit angefeuchteten Händen 20 Bällchen formen und zu 0,5 cm dicken Plätzchen flach drücken. Im heißen Öl portionsweise in etwa 3 Minuten goldbraun frittieren. Herausheben und auf Küchenpapier abtropfen lassen. In eine Transportdose geben.

4. Für den Dip den Limettensaft mit der Tamarindenpaste, dem Zucker und 2 EL warmem Wasser verrühren. In einem Schraubglas mitnehmen und zu den Fischplätzchen beim Picknick servieren.

Variante Koriander-Lachswürfel

-10 Minuten
½ Bund Koriander
Holzzahnstocher

1. Das Lachsfilet in etwa 3 cm große Würfel schneiden. In einer Pfanne 2 EL Öl erhitzen und die Fischwürfel darin in 2–3 Minuten von allen Seiten braten. Salzen und pfeffern.

2. Den Koriander abbrausen, trockenschütteln und fein schneiden. Lachswürfel auf einen Teller geben, jeweils mit einem Holzspießchen versehen. Mit Koriander bestreuen. Limette in Spalten schneiden, zum Beträufeln dazulegen. Teller mit Folie abdecken.

Garnelenspieße
mit Kokos-Mango-Dip

30 Minuten | Für 12 Stück

1 Stück frischer Ingwer (4 cm)
1 Knoblauchzehe
1 große rote Chilischote
1 kleine Dose ungesüßte Kokosmilch (200 ml)
1 gehäufter TL Currypulver
250 g Mangopulp (Mangopüree; Asialaden)
300 g Partygambas (vorgegarte Riesengarnelen; Kühltheke)
½ Bund Zitronenmelisse
Salz
12 Holzspieße (à ca. 12 cm lang)

1. Den Ingwer schälen und den Knoblauch abziehen, beides fein hacken. Die Chilischote abbrausen, längs aufschneiden, putzen und fein schneiden.

2. Die Kokossahne (die dicke Creme, die sich in der ungeschüttelten Dose oben absetzt) in einem Topf erhitzen. Ingwer, Knoblauch und Chili darin etwa 1 Minute anbraten. Currypulver 1 Minute mitbraten. Mangopulp und übrige Kokosmilch angießen und alles in etwa 10 Minuten bei geringer Temperatur einköcheln lassen, gelegentlich umrühren.

3. Inzwischen die Gambas auf die Spieße stecken und auf einen Teller legen. Mit Klarsichtfolie abgedeckt bis zum Transport in den Kühlschrank stellen.

4. Die Zitronenmelisse abbrausen, trockenschütteln und die Blätter grob hacken. Die Sauce mit Salz abschmecken und die Zitronenmelisse unterziehen. Abgekühlt in eine Schale mit Deckel geben. Die Gambas beim Picknick einstippen.

Variante Garnelenspieße mit Safran-Aioli

-10 Minuten
1–2 junge Knoblauchzehen
Salz
Safranfäden (0,1 g)
150 g Salatmayonnaise
1 TL Zitronensaft
Zucker

1. Die Garnelenspieße wie beschrieben zubereiten. Den Knoblauch abziehen, hacken und mit 1 Prise Salz im Mörser fein zerreiben.

2. Safran in einer Tasse mit 1 EL heißem Wasser verrühren. Abgekühlt mit Knoblauchpaste, Mayonnaise, Salz, Zitronensaft und 1 Prise Zucker verrühren.

Räucherforelle
mit Apfel und Meerrettich

15 Minuten | Für 4 Personen

1 säuerlicher Apfel
2 TL Butterschmalz
½ TL Zucker
1 TL Zitronensaft
frisch gemahlener schwarzer Pfeffer
4 Räucherforellenfilets (insgesamt 250 g)
1 TL frisch geraspelter Meerrettich

1. Den Apfel schälen, vierteln, das Kerngehäuse entfernen und die Viertel klein würfeln.

2. Das Butterschmalz in einer kleinen Pfanne erhitzen, Zucker und Apfelwürfel dazugeben und etwa 2 Minuten unter Rühren braten. Mit Zitronensaft und etwas Pfeffer würzen, dann abkühlen lassen.

3. Die Forellenfilets in mundgerechte Stücke schneiden und auf einer Platte anrichten. Die Apfelwürfelchen darüber verteilen. Meerrettich darauf geben. Zum Mitnehmen mit Folie abdecken.

Variante Matjeshappen mit Apfel-Dill-Creme

± 0 Minuten

½ grüner Apfel
1 EL Zitronensaft
1 Gewürzgurke (aus dem Glas)
2–3 Zweige frischer Dill
100 g griechischer Joghurt (10 % Fettgehalt)
1 TL grobkörniger Senf
Salz
frisch gemahlener schwarzer Pfeffer
Zucker
300 g Matjesfilets

1. Den Apfel waschen, ohne Kerngehäuse grob raspeln und mit dem Zitronensaft mischen. Die Gewürzgurke fein würfeln. Den Dill abbrausen, trockenschütteln und die Spitzen fein schneiden. Alles mit Joghurt und Senf verrühren und mit Salz, Pfeffer und Zucker abschmecken.

2. Die Matjesfilets in Stücke schneiden und in eine Gefrierdose geben. Die Apfel-Dill-Creme darauf verteilen und die Matjeshappen bis zum Transport kalt stellen.

Hähnchenbrust

mit Thymian und Zitrone

30 Minuten | Für 4 Personen

4 Hähnchenbrustfilets
(à ca. 200 g)
1 unbehandelte Zitrone
2 Schalotten
2 Knoblauchzehen
3–4 frische Thymianzweige
Salz
frisch gemahlener
schwarzer Pfeffer
4 EL Olivenöl
150 ml trockener Weißwein
(oder Gemüsebrühe)
1 Lorbeerblatt

1. Die Hähnchenbrustfilets kalt abbrausen, trockentupfen und jeweils quer in drei Stücke schneiden.

2. Die Zitrone heiß abbrausen, trockentupfen und in Spalten schneiden. Schalotten und Knoblauch abziehen und fein hacken. Die Thymianzweige abbrausen und trockenschütteln.

3. Hähnchenstücke salzen, pfeffern und etwa 3 Minuten scharf in heißem Öl anbraten. Herausnehmen. Schalotten und Knoblauch im Bratfett anschwitzen, mit Wein ablöschen und aufkochen lassen.

4. Zitronenspalten, Thymian und Lorbeerblatt dazugeben. Die Hähnchenstücke wieder einlegen und in 10–12 Minuten bei schwacher Temperatur zugedeckt schmoren lassen. Abkühlen lassen und für den Transport in eine gut schließende Dose geben.

Variante Gefüllte Hähnchenbrust

+10 Minuten

2 Hähnchenbrustfilets
2 gegrillte Paprikaschoten
(aus dem Glas)
20 g Manchego
(oder Pecorino)
Holzspießchen

1. In die Hähnchenbrustfilets jeweils eine Tasche schneiden. Paprikaschoten abtropfen lassen und je eine in die Tasche geben. Käse fein hobeln und dazugeben. Öffnung mit Spießchen zusammenstecken.

2. Die gefüllten Hähnchenbrustfilets wie beschrieben anbraten und etwa 20 Minuten mit Knoblauch, Schalotten, Zitrone und Thymian schmoren (Lorbeerblatt weglassen). Abgekühlt in Scheiben schneiden.

Schweineschnitzel
mit Ananas-Salsa

25 Minuten | Für 6 Stück

6 dünne Schweineschnitzel
(à ca. 100 g)
Salz
2 EL Rapskernöl
150 g Ananasfruchtfleisch
2 Strauchtomaten
1 große rote Chilischote
Saft von 1 Limette
1 TL Zucker
½ Bund Koriander

1. Die Schnitzel salzen. Das Öl in einer großen Pfanne erhitzen und die Schnitzel darin von jeder Seite etwa 2 Minuten braten. Abkühlen lassen und in Alufolie wickeln.

2. Inzwischen das Ananasfruchtfleisch fein würfeln. Tomaten abbrausen, halbieren, entkernen und ohne Stielansatz fein würfeln. Chilischote abbrausen, längs aufschneiden, putzen und fein schneiden.

3. Limettensaft, Zucker und 1 kräftige Prise Salz verrühren und Ananas und Tomaten unterrühren. Koriander abbrausen, trockenschütteln und die dicken Stiele entfernen, den Rest fein hacken und untermischen. Zum Mitnehmen in ein Schraubglas füllen und beim Picknick zu den Schweineschnitzelchen servieren.

Variante Hähnchenschnitzel mit Melonen-Relish

± 0 Minuten
400 g Hähnchenbrustfilets
1 kleine Cantaloupe-Melone
2–3 Frühlingszwiebeln
1 TL brauner Zucker
1 EL Sonnenblumenöl

1. Hähnchenbrustfilets kalt abbrausen, trockentupfen und schräg in dünne Schnitzel schneiden. Salzen und braten.

2. Statt Ananas und Tomaten die Melone schälen, entkernen und das Fruchtfleisch fein würfeln. Die Frühlingszwiebeln putzen, waschen und fein hacken. Beides mit den oben beschriebenen Zutaten mischen, dabei den Zucker durch braunen Zucker ersetzen und das Öl hinzufügen.

Kalbsschnitzel
mit Thunfisch-Mayo

25 Minuten | Für 4–6 Personen

4 sehr dünne Kalbsschnitzel (à ca. 140 g)
4 EL Rapskernöl
1 Dose Thunfisch in Öl (185 g Abtropfgewicht)
75 g Salatmayonnaise (30 % Fettgehalt)
2 EL Zitronensaft
2 EL Kapern + 1 EL Flüssigkeit aus dem Kapernglas
Salz
frisch gemahlener schwarzer Pfeffer
½ Bund Petersilie

1. Die Schnitzel in je drei Stücke schneiden. Die Schnitzel in sehr heißem Öl von jeder Seite etwa 1 Minute braten. Herausnehmen und abkühlen lassen.

2. Den Thunfisch abtropfen lassen und mit Mayonnaise, Zitronensaft, 1 EL Kapern und der Flüssigkeit aus dem Kapernglas in einen hohen Becher geben. Fein pürieren und mit Salz und Pfeffer würzig abschmecken. Die Petersilie abbrausen, trockenschütteln und fein schneiden. Die Hälfte davon unter die Thunfischmayonnaise rühren.

3. Die Schnitzelchen in eine breite Gefrierdose geben und mit der Thunfischmayonnaise überziehen. Die übrigen Kapern und die restliche Petersilie aufstreuen.

Variante Kalbsbraten mit Pilz-Mayo

+5 Minuten

5 g getrocknete Steinpilze
1 Schalotte
1 Knoblauchzehe
100 g braune Champignons
2 EL Olivenöl
¼ TL getrockneter Thymian
250 g Kalbsbraten-Aufschnitt (fertig gekauft)

1. Getrockneten Pilze etwa 10 Minuten in warmem Wasser einweichen, dann ausdrücken und fein hacken. Inzwischen Schalotte und Knoblauch abziehen, fein hacken. Frische Pilze putzen und klein würfeln.

2. Olivenöl in einer Pfanne erhitzen, Schalotte und Knoblauch darin anschwitzen. Eingeweichte und frische Pilze sowie Thymian dazugeben und bei hoher Temperatur braten, bis alle Flüssigkeit verdampft ist. Abgekühlt mit der Mayonnaise verrühren, salzen, pfeffern und den Kalbsbraten-Aufschnitt damit überziehen.

Rinderschnitzel
mit Chimichurri

20 Minuten | Für 4 Personen

300 g Rinderfilet (vom Metzger in 3 mm dünne Scheiben schneiden lassen)
ca. 2 EL neutrales Öl
½ Bund Petersilie
2 Knoblauchzehen
1 TL Chiliflocken
1 TL getrockneter Thymian
1 TL edelsüßes Paprikapulver
2 EL Weißweinessig
4 EL Sonnenblumenöl
Salz

1. Eine Grillpfanne erhitzen und die Stege mit dem neutralen Öl bestreichen. Die Rinderfiletscheiben darin bei hoher Temperatur von jeder Seite 1–2 Minuten grillen. Herausnehmen und abkühlen lassen.

2. Die Petersilie abbrausen, trockenschütteln und die Blätter abzupfen. Den Knoblauch abziehen und hacken. Beides im Blitzhacker mit den Gewürzen zerkleinern. Essig, 2 EL Wasser und das Sonnenblumenöl unterrühren.

3. Die Fleischscheiben in eine breite Gefrierdose legen, salzen und mit der Würzmischung überziehen. Bis zum Transport kalt stellen.

Variante Rinderschnitzelchen mit Orangen-Gremolata

± 0 Minuten

frisch gemahlener schwarzer Pfeffer
1 unbehandelte Orange
1–2 junge Knoblauchzehen
3–4 Zweige frische Petersilie
1–2 Zweige frischer Zitronenthymian

1. Die Filetscheiben wie beschrieben braten, dann salzen und pfeffern. Abgekühlt auf eine Platte geben.

2. Die Orange heiß abbrausen, abtrocknen und die Schale mit einem Zestenreißer in feinen Spänen abziehen. Den Knoblauch abziehen und fein hacken. Petersilie und Zitronenthymian abbrausen, trockenschütteln und die Blätter fein schneiden. Alles zusammen mit einem großen Messer gut durchhacken und über die Rinderschnitzelchen streuen. Platte für den Transport mit Klarsichtfolie abdecken.

Putenröllchen

mit Aprikosen und Pistazien

30 Minuten | Für 4–6 Personen

6 dünne Putenschnitzel (à ca. 80 g)
Salz
Cayennepfeffer
40 g getrocknete Softaprikosen
Salz, Pfeffer
2 EL Rapskernöl
120 ml Gemüsebrühe
50 g Pistazienkerne
18 Holzspießchen

1. Die Schnitzel auf der Arbeitsfläche auslegen und mit Salz und Cayennepfeffer würzen. Die Aprikosen fein würfeln und darauf verteilen. Die Schnitzel von der Schmalseite her aufrollen und mit je 1 Holzspießchen zusammenstecken.

2. Öl in einer Pfanne erhitzen und die Röllchen darin in 2–3 Minuten rundherum anbraten. Gemüsebrühe angießen und die Rouladen 12–15 Minuten bei mittlerer Temperatur zugedeckt garen. Herausheben und auf einem Teller etwas abkühlen lassen.

3. Die Pistazien mittelfein hacken. Die Putenröllchen von den Spießchen befreien, schräg halbieren und mit den Schnittflächen in die Pistazien tunken. Zum Mitnehmen mit den übrigen Holzspießchen versehen und in eine gut schließende Dose geben.

Variante Kalbsröllchen mit Schinken und Salbei

± 0 Minuten

6 dünne Kalbsschnitzel (à ca. 80 g)
Salz
frisch gemahlener schwarzer Pfeffer
12 kleine, frische Salbeiblätter
3 Scheiben Parmaschinken
2 EL Olivenöl
100 ml Sherry medium (oder Gemüsebrühe)

1. Kalbsschnitzel mit Salz und Pfeffer würzen. Salbeiblätter abbrausen, trockentupfen und je 2 darauflegen. Jeweils ½ Schinkenscheibe daraufgeben. Schnitzel aufrollen und zusammenstecken.

2. Die Kalbsröllchen im Olivenöl anbraten, mit Sherry bzw. Brühe ablöschen und wie beschrieben zugedeckt fertig garen. Abgekühlt schräg in dicke Scheiben schneiden und für den Transport in eine gut schließende Dose geben.

Lammspieße

mit Pflaumen-Dip

25 Minuten | Für 8 Spieße

300 g Lammrückenfilets
2 EL Rapskernöl
Fünf-Gewürze-Pulver
(z. B. aus dem Asialaden)
Salz
3 EL Pflaumenmus
Saft von 1 Limette
Cayennepfeffer
12 Metall- oder Holzspieße
(à ca. 15 cm lang)

1. Das Fleisch kalt abbrausen, mit Küchenpapier trockentupfen, längs in dünne Streifen schneiden und diese auf die Spieße auffädeln. Das Öl mit ⅓ TL Fünf-Gewürze-Pulver verrühren und das Fleisch damit bestreichen.

2. Die Spieße in einer beschichteten Pfanne portionsweise von jeder Seite 2–3 Minuten braten. Herausnehmen, salzen und abkühlen lassen. Zum Mitnehmen in eine gut schließende Dose geben.

3. Für den Dip das Pflaumenmus mit dem Limettensaft und ⅓ TL Fünf-Gewürze-Pulver verrühren, mit Salz und Cayennepfeffer abschmecken. In ein Schraubglas füllen und beim Picknick als Dip zu den Spießen reichen.

Variante Putenspieße mit Erdnuss-Dip

± 0 Minuten
300 g Putenbrustfilet
½ TL abgeriebene
unbehandelte Zitronenschale
1 Knoblauchzehe
Salz
Cayennepfeffer
3 EL crunchy Erdnussbutter
(aus dem Glas)
1 EL Zitronensaft
2 EL Joghurt

1. Das Fleisch kalt abbrausen, mit Küchenpapier trockentupfen, in Streifen schneiden und auf die Spieße stecken. Zitronenschale mit dem Öl verrühren. Knoblauch abziehen und dazupressen. Die Spieße damit bestreichen. Wie beschrieben braten und salzen.

2. Für den Dip Erdnussbutter, Zitronensaft, 2 EL Wasser und Joghurt verrühren, anschließend mit Salz und Cayennepfeffer abschmecken.

Panierte Schnitzel vom Schweinefilet

30 Minuten | Für 12 Stück

3 EL Mehl
1 Ei
1 EL Milch
80 g Semmelbrösel
300 g Schweinefilet
Salz
frisch gemahlener schwarzer Pfeffer
100 g Butterschmalz

1. Das Mehl auf einen Teller geben. Das Ei in einem tiefen Teller mit der Milch verquirlen. Die Semmelbrösel auf einen weiteren Teller geben.

2. Das Schweinefilet kalt abbrausen, trockentupfen und in 12 Scheiben schneiden, diese mit dem Handballen flach drücken, salzen und pfeffern. Die Filetscheiben im Mehl wenden und den Überschuss abklopfen. Dann durch das verquirlte Ei ziehen und schließlich in den Semmelbröseln wenden. Die Panade sanft andrücken.

3. Das Butterschmalz in einer großen Pfanne erhitzen. Die Schnitzelchen darin bei mittlerer Temperatur von jeder Seite in etwa 2 Minuten goldbraun ausbacken. Herausheben, auf Küchenpapier abtropfen und abkühlen lassen. Zum Transport auf einen Teller geben und mit Küchenpapier abdecken (keine Folie nehmen, damit die Panade knusprig bleibt!).

Variante Parmesanschnitzel mit Thymian

± 0 Minuten

4 dünne Kalbsschnitzel (aus der Oberschale, à ca. 120 g)
1 Stück Parmesan (ca. 20 g)
60 g Semmelbrösel
3 Zweige frischer Thymian
100 ml neutrales Öl

1. Die Schnitzel quer in drei Stücke schneiden. Den Parmesan fein reiben. Den Thymian abbrausen, trockenschütteln, die Blättchen abstreifen und fein hacken. Beides unter die Semmelbrösel mischen.

2. Die Schnitzelchen wie beschrieben panieren und im Öl ausbacken.

Cordons bleus

(kleine Schinken-Käse-Schnitzelchen)

25 Minuten | Für 4 Personen

4 dünne Kalbsschnitzel (à ca. 80 g)
Salz
frisch gemahlener schwarzer Pfeffer
1 Scheibe gekochter Schinken (ca. 20 g)
1 Scheibe Gouda (ca. 20 g)
2 EL Mehl
1 Ei
4 EL Semmelbrösel
2 EL Butterschmalz
Holzspießchen

1. Die Schnitzel auf der Arbeitsfläche auslegen, salzen und pfeffern. Schnitzel zur Hälfte mit je ¼ Scheibe Schinken und ¼ Scheibe Käse belegen (beides so zuschneiden bzw. falten, dass ein 1 cm breiter Rand frei bleibt). Die jeweils andere Hälfte darüber klappen und die gefüllten Schnitzel mit Holzspießchen zusammenstecken.

2. Das Mehl auf einen Teller geben. Das Ei in einem tiefen Teller mit einer Gabel verquirlen. Die Semmelbrösel auf einem dritten Teller bereit stellen. Die Cordons bleus im Mehl wenden, durch das Ei ziehen und in den Bröseln panieren. Die Panade leicht andrücken.

3. Das Butterschmalz in einer Pfanne erhitzen. Die Cordons bleus darin bei mittlerer Temperatur von jeder Seite in 3–4 Minuten goldbraun braten. Abgekühlt auf einen Teller geben und mit Küchenpapier abdecken (Folie nähme der Kruste die Knusprigkeit!).

Variante Camembert-Schnitzel mit Haselnüssen

± 0 Minuten
40 g Camembert
2 TL Feigenkonfitüre (oder Preiselbeeren aus dem Glas)
30 g Haselnusskerne

1. Die Schnitzel wie beschrieben zubereiten, anstatt mit Schinken jeweils mit 10 g Camembert und ½ TL Feigenkonfitüre bzw. Preiselbeeren füllen.

2. Für die Panade die Haselnusskerne fein hacken und mit 2 EL Semmelbröseln mischen. Die Cordons bleus wie beschrieben panieren und braten.

Sandwiches & Gebackenes

Buttertoast
mit Räucherlachs

15 Minuten | Für 2 Stück

¼ Salatgurke
Salz
4 Scheiben American Vollkorn-Toast
30 g weiche Butter
1 TL Meerrettich (aus dem Glas)
½ TL abgeriebene unbehandelte Zitronenschale
frisch gemahlener schwarzer Pfeffer
120 g Räucherlachs (in Scheiben)

1. Die Salatgurke nach Belieben waschen oder schälen und in dünne Scheiben hobeln. Mit Salz bestreuen und Wasser ziehen lassen.

2. Die Toastscheiben toasten und abkühlen lassen. Butter, Meerrettich und Zitronenschale verrühren und mit Salz und Pfeffer abschmecken. Die Toasts damit bestreichen.

3. Die Gurkenscheiben trockentupfen und auf zwei Toasts verteilen, ebenso den Räucherlachs. Mit den anderen Scheiben abdecken, zusammendrücken und jeweils diagonal durchschneiden. Zum Mitnehmen fest in Butterbrotpapier wickeln.

Variante Graved-Lachs-Toast mit Senf-Honig-Butter

± 0 Minuten
1 TL mittelscharfer Senf
1 TL Honig
1 Handvoll Brunnenkresse (oder Pflücksalat)
120 g Graved Lachs (in Scheiben)

1. Die Butter mit Senf und Honig statt Meerrettich und Zitronenschale verrühren und die Toasts damit bestreichen.

2. Brunnenkresse abbrausen, trockentupfen und auf zwei Toasts verteilen. Mit Graved Lachs belegen, mit den übrigen Toasts abdecken und diagonal teilen.

Tipp Die rechteckigen, dünnen Scheiben Tramezzini-Brot bekommen Sie in gut sortierten Supermärkten oder italienischen Läden. Als Ersatz sind auch 6 Scheiben American Toast prima, die man vor dem Belegen noch entrindet.

Tramezzini
mit Schinken und Mangobutter

15 Minuten | Für 4 Stück

40 g weiche Butter
1 EL Mangochutney
(aus dem Glas)
1 Handvoll Rucola
5 große reife Erdbeeren
3 Scheiben Tramezzini-Brot
frisch gemahlener
schwarzer Pfeffer
8 Scheiben luftgetrockneter
Schinken (ca. 100 g, z. B.
San Daniele, Parma oder
Serrano)

1. Die Butter mit dem Chutney verrühren. Rucola putzen, waschen und trockentupfen. Erdbeeren abbrausen, putzen und in dünne Scheiben schneiden.

2. Zwei Brotscheiben mit Mangobutter bestreichen. Die Hälfte Rucola und Erdbeeren auf einer Scheibe verteilen, leicht pfeffern. 4 Scheiben Schinken daraufgeben. Die zweite Brotscheibe mit der bestrichenen Seite nach unten auflegen und andrücken.

3. Die nun oben noch unbestrichene Seite der Brotscheibe mit etwas Mangobutter bestreichen, mit den übrigen Zutaten belegen und pfeffern. Die dritte Scheibe mit der restlichen Mangobutter bestreichen, mit der bestrichenen Seite auf den Doppeldecker legen und alles gut zusammendrücken. Das Sandwich einmal quer und die entstandenen Quadrate jeweils diagonal durchschneiden, sodass vier Dreiecke entstehen. Zum Mitnehmen fest in Klarsichtfolie wickeln.

Variante Käse-Tramezzini mit Avocadocreme

± 0 Minuten
1 reife Avocado
2 EL Zitronensaft
Salz
frisch gemahlener
schwarzer Pfeffer
2 hart gekochte Eier
80 g Schnittkäse
(in dünnen Scheiben)

1. Avocado schälen, entsteinen und fein zermusen. Mit Zitronensaft, Salz und Pfeffer würzen. Die Eier pellen und in Scheiben schneiden.

2. Die Brote mit dem Avocadomus bestreichen und mit Rucolablättern, Ei- und Käsescheiben belegen und zu Tramezzini schneiden.

Baguette
mit Roastbeef und Gurken-Relish

15 Minuten | Für 2 Stück

1 Mini-Salatgurke
2 Frühlingszwiebeln
½ große rote Chilischote
4–5 Stiele Koriander
1 TL Zitronensaft
Salz
Zucker
1 TL neutrales Öl
2 EL Granatapfelkerne
4–6 kleine Kopfsalatblätter
1 kleines Vollkornbaguette
2 EL Butter
100 g Roastbeef-Aufschnitt

1. Die Minigurke nach Belieben waschen oder schälen, längs halbieren, die Kerne entfernen und die Hälften klein würfeln. Die Frühlingszwiebeln putzen, waschen und in feine Ringe schneiden. Die Chilischote abbrausen, längs aufschneiden und putzen. Die Hälften fein würfeln. Koriander abbrausen, trockenschütteln und die Blättchen abzupfen. Den Zitronensaft mit je 1 Prise Salz und Zucker und dem Öl verrühren. Alle vorbereiteten Zutaten und die Granatapfelkerne untermischen.

2. Die Salatblätter waschen und trockentupfen. Das Baguette halbieren und aufschneiden. Alle 4 Teile dünn mit Butter bestreichen. Die beiden unteren Hälften mit Salatblättern und Roastbeef belegen und die Gurkenmischung darauf verteilen. Die oberen Baguettehälften daraufdrücken und die Baguettes zum Transport fest in Butterbrotpapier wickeln.

Variante Gänsebrust-Baguette mit Zwiebelkonfitüre

± 0 Minuten
2 EL Zwiebelkonfitüre (aus dem Glas)
100 g geräucherte Gänsebrust (in Scheiben)
3–4 Radicchio-Blätter

1. Die Baguettes mit Butter bestreichen. Die unteren Hälften mit der Zwiebelkonfitüre bestreichen und mit der Gänsebrust belegen.

2. Den Radicchio waschen, trockentupfen und in sehr feine Streifen schneiden. Mit den Granatapfelkernen mischen und darauf verteilen. Wie beschrieben einwickeln.

Puten-Sandwich
mit Erdnussbutter und Banane

25 Minuten | Für 4 Stück

4 dünne Putenschnitzel (à ca. 120 g)
Salz
Chiliflocken
2 EL Öl
1 TL flüssiger Honig
1 große Banane
4 große Baguettebrötchen oder »Krusti«
2 EL Erdnussbutter
1 Bund Koriander
1 Strauchtomate

1. Die Schnitzel mit Salz und Chiliflocken würzen. Öl in einer großen Pfanne erhitzen, die Schnitzel darin von jeder Seite 2–3 Minuten braten, vor dem Wenden den Honig hinzufügen. Herausnehmen und abkühlen lassen.

2. Die Banane schälen, in Scheiben schneiden, zum Bratensatz in der Pfanne geben und 1 Minute braten.

3. Die Brötchen aufschneiden und mit Erdnussbutter bestreichen. Koriander abbrausen, trockenschütteln, die Blätter abzupfen und auf die unteren Brötchenhälften verteilen. Die Tomate waschen, in dünne Scheiben schneiden und darauflegen.

4. Je 1 Schnitzel sowie Bananenscheiben daraufgeben. Obere Brötchenhälften auflegen, das Sandwich zusammendrücken. Zum Transport mit einem Stäbchen fixieren und in eine auslaufdichte Box geben.

Variante Bresaola-Sandwich mit Cashewmus und Apfel

-5 Minuten

1 großer säuerlicher Apfel
1 EL Butter
1 Zweig frischer Salbei
2 EL Cashewmus (aus dem Glas)
4 große Salatblätter (z. B. Novita), gewaschen
100 g Bresaola

1. Apfel waschen, vierteln, Kerngehäuse entfernen, die Viertel in schmale Spalten schneiden und etwa 1 Minute in der Butter braten. Salbeiblätter abbrausen, trockentupfen, in feine Streifen schneiden, dazugeben und die Apfelspalten pfeffern. Abkühlen lassen.

2. Brötchen mit Cashewmus bestreichen und mit Salat, Bresaola und Apfelspalten belegen.

Nussbrot

mit Brie und Quitten-Senf-Butter

15 Minuten | Für 4 Stück

30 g weiche Butter
1 TL Rotisseur-Senf (grobkörniger Senf)
2 TL Quittengelee
4 kleine Salatblätter (z. B. Batavia)
4 handtellergroße Scheiben Walnussbrot
100 g Brie

1. Die Butter mit dem Senf und dem Quittengelee verrühren. Die Salatblätter waschen und trockentupfen.

2. Die Brotscheiben mit der Würzbutter bestreichen. 2 Scheiben mit den Salatblättern belegen. Den Brie in dünne Scheiben schneiden und daraufgeben.

3. Die übrigen Brotscheiben mit der bestrichenen Seite nach unten daraufgeben, die Brote zusammendrücken und halbieren. Zum Mitnehmen in Butterbrotpapier wickeln.

Tipp Ebenfalls lecker: Die Nussbrote buttern und mit Brie belegen. Schnittfestes Quittenbrot in dünne Scheiben schneiden und auf dem Käse verteilen.

Variante Camembert-Brot mit Feigen-Senf-Butter

± 0 Minuten
2 getrocknete Softfeigen
100 g reifer Camembert (wahlweise Ziegencamembert)

1. Die Feigen sehr fein würfeln und mit der Butter und dem Senf verrühren.

2. Die Nussbrotscheiben mit der Feigen-Senf-Butter bestreichen, mit Salatblättern belegen. Den Camembert in Scheiben schneiden und daraufgeben. Wie beschrieben zu Sandwiches zusammensetzen und halbieren.

PICKN
ICK

Wrap

mit Putenbrust und Karottensalat

25 Minuten | Für 4 Stück

2 Karotten
2 Zweige frische Minze
1 EL Zitronensaft
1 EL Rapskernöl
Salz
frisch gemahlener schwarzer Pfeffer
4 große Salatblätter (z. B. Novita)
4 große Weizen-Tortillafladen (Fertigprodukt)
50 g Kräuterfrischkäse
150 g geräucherte Putenbrust (in dünnen Scheiben)
40 g Gojibeeren

1. Die Karotten schälen und grob raspeln. Die Minze abbrausen, trockenschütteln und die Blätter grob zerzupfen. Beides mischen und mit Zitronensaft, Öl, Salz und Pfeffer verrühren. Die Salatblätter abbrausen und trockentupfen.

2. Die Tortillafladen auf einem Blech im Backofen bei 100 °C (Ober-/Unterhitze) in etwa 10 Minuten erwärmen. Vier Stücke Alufolie bereitlegen. Die warmen Fladen darauf legen.

3. Die Tortillafladen mit Kräuterfrischkäse bestreichen, die Salatblätter und die Putenbrust darauf verteilen. Den Möhrensalat daraufgeben und die Gojibeeren aufstreuen. Die Fladen fest in die Folie wickeln.

Variante Wrap mit Räucherlachs, Rucola und Avocado

- 5 Minuten

1 reife Avocado
2 EL Zitronensaft
1 Handvoll Rucolablätter
200 g Räucherlachsscheiben

1. Die Avocado schälen, entsteinen und das Fruchtfleisch in feine Spalten schneiden. Mit Zitronensaft, Salz und Pfeffer würzen. Rucola waschen und trockenschleudern.

2. Die angewärmten Fladen mit dem Kräuterfrischkäse bestreichen, mit Salat, Räucherlachs, Avocadospalten und Rucolablättern belegen. Wie beschrieben fest einwickeln.

Pita-Taschen
mit scharfem Hackfleisch

30 Minuten | Für 4 Stück

1 Schalotte
1 Knoblauchzehe
3 EL Olivenöl
250 g Rinder- oder Lammhackfleisch
1 EL Tomatenmark
1/3 TL Chiliflocken
2 EL gehackte Kräuter (z. B. Koriander, Petersilie, Zitronenmelisse)
Salz
frisch gemahlener schwarzer Pfeffer
100 g Joghurt
½ TL Kreuzkümmelpulver
1 Strauchtomate
4 Pita-Taschen (Fertigprodukt)

1. Die Schalotte und die Knoblauchzehe abziehen und fein hacken. In einer Pfanne 2 EL Öl erhitzen und das Hackfleisch darin krümelig anbraten. Tomatenmark, Schalotte, Knoblauch und Chiliflocken dazugeben und 2–3 Minuten mitbraten. Die Kräuter untermischen und das Hackfleisch mit Salz und Pfeffer würzen.

2. Den Joghurt mit übrigem Öl, Salz und Kreuzkümmel verrühren. Tomate waschen, in dünne Scheiben schneiden, diese halbieren und auf Küchenpapier abtropfen lassen.

3. Die Pita-Taschen im Backofen bei 100 °C (Ober-/Unterhitze) ca. 10 Minuten erwärmen. Mit Hackfleisch, Kreuzkümmeljoghurt und Tomaten füllen. Für den Transport fest in Alufolie wickeln.

Variante Pita-Taschen mit Thunfisch und Petersiliensalat

- 10 Minuten
1 Strauchtomate
1 Frühlingszwiebel
1 Bund Petersilie
1 EL Olivenöl
1 Dose Thunfisch in Öl (185 g Abtropfgewicht)
2 EL Salat-Mayonnaise

1. Die Tomate waschen, halbieren, entkernen und fein würfeln. Die Frühlingszwiebel putzen, waschen und sehr fein schneiden. Die Petersilie abbrausen, trockenschütteln und die Blätter fein schneiden. Alles mit dem Olivenöl mischen und mit Salz und Pfeffer würzen.

2. Den Thunfisch in einem Sieb abtropfen lassen. Die aufgewärmten Pita-Taschen mit Mayonnaise ausstreichen und mit dem Petersiliensalat und dem Thunfisch füllen.

Blätterteigtaschen
mit Gorgonzola und Mangochutney

30 Minuten | Für 12 Stück

1 Rolle Blätterteig
(ca. 300 g, Kühltheke)
120 g Gorgonzola
100 g Mangochutney
(aus dem Glas)

1. Den Backofen auf 220 °C (Ober-/Unterhitze) vorheizen. Blätterteig entrollen und längs in 4 gleich breite Streifen und diese quer in 3 Teile schneiden, sodass 12 Quadrate (à ca. 8,5 x 8,5 cm) entstehen.

2. Die Blätterteigquadrate in die Mulden einer Muffinform drücken. Gorgonzola in 12 Stücke teilen und in die Mulden legen. Jeweils 1 TL Mangochutney daraufgeben und die Teigecken in der Mitte über der Füllung übereinanderlegen.

3. Temperatur auf 200 °C (Ober-/Unterhitze) reduzieren und die Blätterteigtaschen in 15–18 Minuten auf mittlerer Schiene goldbraun backen. Abkühlen lassen. Mit einem Geschirrtuch bedeckt mitnehmen.

Tipp Aus einer Muffinform mit unbeschädigter Beschichtung lassen sich die Teilchen gut lösen. Sollte sie jedoch schon in die Jahre gekommen sein, fettet man die Mulden besser mit Butter und staubt sie mit ein wenig Mehl aus.

Variante Mediterrane Schafskäsepäckchen

+ 5 Minuten

120 g Schafskäse
8 getrocknete Tomaten (in Öl)
8 schwarze Oliven
(ohne Stein)
½ TL getrockneter Thymian
1 EL Schmand

1. Den Schafskäse zerbröseln. Tomaten und Oliven abtropfen lassen und klein schneiden. Mit dem Thymian und dem Schmand unter den Schafskäse mischen.

2. Die Blätterteige wie beschrieben vorbereiten, mit der Schafskäsemischung füllen und wie beschrieben in der Muffinform backen.

Blätterteighappen
mit Pastete und grünem Pfeffer

30 Minuten | Für 12 Stück

1 Rolle Blätterteig
(ca. 300 g, Kühltheke)
2 TL eingelegter grüner
Pfeffer (aus dem Glas)
150 g Ardenner Pastete

1. Den Backofen auf 220 °C (Ober-/Unterhitze) vorheizen. Blätterteig entrollen, längs in 4 gleich breite Streifen und diese quer in 3 Teile schneiden, sodass 12 Quadrate (à ca. 8,5 x 8,5 cm) entstehen.

2. Die Blätterteigquadrate in die Mulden einer Muffinform drücken. Den grünen Pfeffer abtropfen lassen, fein hacken und auf den Teigboden streuen. Die Pastete in 12 Stücke teilen und in die Mulden drücken. Die Teigecken in der Mitte über der Füllung übereinanderlegen.

3. Temperatur auf 200 °C (Ober-/Unterhitze) reduzieren und die Blätterteighäppchen in 15–18 Minuten auf der mittleren Schiene goldbraun backen. Abkühlen lassen. Mit einem Geschirrtuch bedeckt mitnehmen.

Variante Thunfisch-Paprika-Päckchen

+ 10 Minuten

1 kleine Zwiebel
½ rote Paprikaschote
1 EL Olivenöl
1 EL gehackte Petersilie
Salz
frisch gemahlener
schwarzer Pfeffer
1 Dose Thunfisch in Öl
(185 g Abtropfgewicht)

1. Die Zwiebel abziehen und fein schneiden. Die Paprikaschote abbrausen, putzen und fein würfeln. Beides etwa 1 Minute im Öl andünsten. Petersilie unterrühren, salzen und pfeffern.

2. Den Blätterteig wie beschrieben vorbereiten. Den Thunfisch in einem Sieb abtropfen lassen. Die Zwiebelmischung untermischen und die Blätterteige damit füllen. Wie beschrieben backen.

EAT
ME

Tipp Den Rest des Pizzateiges können Sie, wenn genügend Zeit ist, verkneten, auf der bemehlten Arbeitsfläche ausrollen und daraus (mit weiterem Belag) mehr Mini-Pizzas zubereiten.

Mini-Pizzas
mit Tomaten und Sardellen

30 Minuten | Für 12 Stück

100 g Mozzarella
100 g Kirschtomaten
4–5 Sardellen in Öl
1 EL Kapern (aus dem Glas)
3–4 Zweige frischer Oregano (oder ½ TL getrockneter)
1 EL Olivenöl
frisch gemahlener schwarzer Pfeffer
ca. 200 g Pizzateig (von einer 400-g-Rolle, Kühltheke)

1. Den Backofen auf 220 °C (Ober-/Unterhitze) vorheizen. Den Mozzarella abtropfen lassen, klein würfeln und in eine Schüssel geben. Die Kirschtomaten waschen und fein schneiden. Sardellen und Kapern abtropfen lassen und hacken. Oregano abbrausen, trockenschütteln und die Blätter fein schneiden. Alles mit dem Olivenöl zum Mozzarella geben, kräftig pfeffern und gut vermischen.

2. Den Pizzateig entrollen, mit einem Ausstecher (oder einem Glas) Kreise von 6–7 cm ø ausstechen. Diese in die Mulden einer Muffinform geben, die Tomatenmischung daraufgeben. Pizzas etwa 15 Minuten backen, bis die Oberfläche schön gebräunt und der Käse geschmolzen ist.

3. Zum Mitnehmen die Muffinform mit einem Geschirrtuch abdecken oder die Mini-Pizzas aus den Mulden lösen und in einer offenen Schale transportieren (keine Kunststoffbox, darin werden sie weich!).

Variante Mini-Pizzas mit Salsiccia

- 5 Minuten

100 g frische Salsiccia (ungebrühte italienische Bratwurst)
50 g Frischkäse
Pfeffer

1. Die Wurst pellen und klein schneiden. Mit dem Frischkäse verrühren und kräftig pfeffern.

2. Die Pizzateigkreise wie beschrieben vorbereiten, mit der Wurstmischung bestreichen und in die Mulden legen. Wie beschrieben backen.

Käsepäckchen
mit Honig und Pekannüssen

25 Minuten | Für 12 Stück

80 g Pekannusskerne (oder Walnusskerne)
2 EL Butter
Salz
ca. 160 g Strudelteig (Kühltheke)
200 g Ziegenweichkäse (Rolle)
6 TL flüssiger Honig
ca. 1 TL getrocknete Lavendelblüten

1. Den Backofen auf 180 °C (Ober-/Unterhitze) vorheizen. Die Nusskerne grob hacken. Die Butter schmelzen, danach 1 TL warmes Wasser und 1 Prise Salz dazugeben.

2. Den Strudelteig entrollen und in 24 Quadrate (à ca. 10 x 10 cm) schneiden. Die Teigquadrate dünn mit der flüssigen Buttermischung bestreichen und jeweils zwei, etwas versetzt, in die Mulden einer 12-er Muffinform drücken.

3. Den Käse in 12 Scheiben schneiden und in die Mulden drücken. Die Nüsse darauf verteilen, jeweils ½ TL Honig und eine kleine Prise Lavendelblüten daraufgeben. Im Ofen 12–14 Minuten backen, bis der Teig knusprig und der Käse leicht zerlaufen ist. Etwas abkühlen lassen. Form zum Mitnehmen mit einem Geschirrtuch bedecken.

Variante Ziegenkäsepäckchen mit Olivenpaste

± 0 Minuten

4 TL Tapenade (Olivenpaste, aus dem Glas)
8 getrocknete Tomaten (in Öl)
50 g Pinienkerne

1. Den Strudelteig wie beschrieben vorbereiten.

2. In die Strudelteigmulden erst 1/3 TL Tapenade, dann den Käse geben. Die getrockneten Tomaten abtropfen lassen, klein schneiden und mit den Pinienkernen daraufgeben. Wie beschrieben backen.

Süßes

Orangen-Couscous
mit Kardamomjoghurt

20 Minuten | Für 4–6 Gläser

40 g getrocknete Aprikosen
4 Orangen, davon
1 unbehandelt
1 EL flüssiger Honig
100 g Couscous (Instant)
je 1 Prise Zimtpulver und
gemahlene Vanille
(z. B. aus dem Bioladen)
1 Prise Kardamompulver
100 g Joghurt
40 g gehackte Pistazienkerne

1. Aprikosen klein würfeln. Unbehandelte Orange heiß abbrausen, trockentupfen und ¼ TL Schale fein abreiben. Zwei Orangen auspressen und den Saft mit Honig und Aprikosenwürfeln einmal aufkochen lassen. Couscous dazugeben, vom Herd nehmen und zugedeckt etwa 5 Minuten quellen lassen.

2. Die übrigen Orangen so dick schälen, dass auch die weiße Haut entfernt wird. Orangenfilets zwischen den Trennhäutchen herausschneiden und klein schneiden.

3. Zimt und Vanille zum Couscous geben und diesen mit einer Gabel auflockern. Die Orangenstückchen samt Saft untermischen und den Orangen-Couscous in gut schließende Gläschen füllen.

4. Die unbehandelte Orangenschale mit dem Kardamom unter den Joghurt rühren. Je einen Klecks auf den Couscous geben. Pistazien darüberstreuen.

Variante Birnen-Couscous mit Vanillejoghurt

± 0 Minuten
250 ml Apfelsaft
50 g Datteln
2 kleine reife Birnen
1 EL Zitronensaft
1 Prise gemahlene Vanille
(z. B. aus dem Bioladen)
30 g gehackte Mandelkerne

1. Couscous wie beschrieben anstatt mit Orange mit Apfelsaft und gewürfelten Datteln zubereiten. Birnen schälen, Kerngehäuse entfernen, das Fruchtfleisch klein würfeln und untermischen. In gut schließende Gläser füllen.

2. Joghurt mit Vanille verrühren und auf den Couscous geben. Mit den gehackten Mandelkernen bestreuen.

COUSCOUS

26
27

Obstsalat

mit süßem Pesto

20 Minuten | Für 4–6 Personen

40 g Pinienkerne
1 Bund Basilikum
2 EL flüssiger Honig
Salz
4 EL Mandelöl
(oder Walnussöl)
2 reife Pfirsiche
150 g Erdbeeren
1 Cantaloupemelone

1. Pinienkerne in einer beschichteten Pfanne ohne Fettzugabe anrösten und abkühlen lassen.

2. Basilikum abbrausen, trockenschütteln und die Blätter abzupfen. Mit Pinienkernen, Honig, 1 kleinen Prise Salz und dem Mandelöl fein pürieren.

3. Die Pfirsiche mit kochendem Wasser übergießen, kalt abschrecken und häuten. Das Fruchtfleisch in Spalten vom Stein schneiden. Die Erdbeeren abbrausen, putzen und halbieren. Die Melone halbieren, Kerne entfernen und aus dem Fruchtfleisch mit einem Kugelausstecher Kugeln formen.

4. Das Obst zum Transport in eine gut schließende Dose geben. Das Pesto separat in einem Gläschen mitnehmen und erst kurz vor dem Verzehr auf dem Obstsalat verteilen.

Variante Früchte mit Minzzucker

- 5 Minuten
5–6 frische Minzblätter
80 g Zucker
Früchte nach Belieben
(z. B. Erdbeeren, Wassermelone und Aprikosen)

1. Die Minze abbrausen, trockentupfen und klein schneiden. Mit 1 TL Zucker im Mörser fein zerstoßen. Den übrigen Zucker dazugeben. Den Minzzucker in ein Schraubglas geben.

2. Die Früchte abbrausen bzw. schälen und in mundgerechte Stücke schneiden, in eine gut schließende Dose geben. Beim Picknick in den Minzzucker stippen.

Bananen-Trifle
mit Espressosahne

15 Minuten | Für 4 Gläser

150 g Sahne
1 TL Vanillezucker
1 gestrichener TL lösliches Espressopulver
100 g heller Biskuit (z. B. Wiener Boden)
6 EL Marillenlikör (oder Aprikosensaft)
1 kleine reife Banane
25 g Bananenchips

1. Die Sahne mit Vanillezucker und Espressopulver steif schlagen.

2. Den Biskuit in gut schließende Gläser bröseln und jeweils 1 ½ EL Likör bzw. Saft darüberträufeln. Die Banane schälen, in dünne Scheiben schneiden und darauf verteilen.

3. Die Espressosahne daraufsetzen und die Bananenchips darüberbröseln. Gläser verschließen und bis zum Transport kalt stellen.

Tipp Statt des Wiener Bodens können Sie für das Dessert auch Madeleines oder trocken gewordenen Sandkuchen verwenden.

Variante Schoko-Trifle mit Erdnusssahne

± 0 Minuten
40 g crunchy Erdnussbutter
1 EL Ahornsirup
100 g Schokobiskuit
6 EL Ananassaft
½ TL Kakaopulver

1. Die Erdnussbutter mit Ahornsirup und 2 EL Sahne glatt rühren. Die übrige Sahne steif schlagen und unterziehen.

2. Den Schokobiskuit in die Gläser bröseln und mit Ananassaft tränken. Bananenscheiben und Erdnusssahne daraufgeben und das Kakaopulver darüberstauben.

Tipp Die Beeren tauen langsam auf und halten das Dessert ohne Kühlung frisch.

Himbeer-Trifle
mit Marsala

30 Minuten | Für 8 Personen

1 Pck. Vanillepuddingpulver
4 EL Zucker
500 ml Milch
200 g Sahne
600 g TK-Himbeeren
250 g heller Biskuit (z. B. Wiener Boden)
100 ml Marsala
Eiswürfel für das Eiswasser

1. Das Puddingpulver mit 2 EL Zucker und 5 EL kalter Milch glatt rühren. Die übrige Milch in einem Topf aufkochen lassen, die angerührte Mischung einrühren und nach Packungsangabe daraus einen Pudding kochen. Den Topf in Eiswasser stellen, um den Pudding schnell abzukühlen.

2. Die Sahne mit dem übrigen Zucker steif schlagen und unter den kalten Pudding heben.

3. 300 g schöne Himbeeren aussortieren. Die Hälfte des Biskuits in eine große, gut schließende Schüssel bröseln und mit der Hälfte des Marsalas beträufeln. Die Hälfte des Sahnepuddings darauf verteilen und die weniger schönen Himbeeren unaufgetaut darauf geben. Übrigen Biskuit darüberbröseln, mit Marsala tränken, restlichen Sahnepudding darauf glatt streichen. Mit den schönen Himbeeren garnieren.

Variante Pflaumen-Trifle mit Armagnac

+10 Minuten

400 g Pflaumen
1 EL Zucker
1 Zimtstange
1 Stück unbehandelte Orangenschale
6 EL Armagnac (oder anderer Weinbrand)
1 TL Zimtpulver

1. Den Pudding wie beschrieben zubereiten. Pflaumen waschen, halbieren und entsteinen. Mit Zucker, Zimt und Orangenschale aufkochen und etwa 3 Minuten kochen lassen. Ebenfalls in Eiswasser schnell kühlen, dann Armagnac zugeben.

2. Biskuit in die Schüssel geben, die Hälfte der Pflaumen samt Saft und die Hälfte des Sahnepuddings einschichten. Übrigen Biskuit, restliche Pflaumen und Sahnepudding daraufgeben, mit Zimtpulver bestauben.

Limoncellocreme
mit Amaretti

15 Minuten | Für 4 Gläser

1 Stück Marzipanrohmasse (ca. 40 g)
150 g Sahne
3 TL Puderzucker
150 g Frischkäse
8 EL Limoncello (Zitronenlikör)
120 g Amaretti morbidi (weiche italienische Mandelkekse)

1. Marzipanrohmasse ins Tiefkühlfach legen. Inzwischen die Sahne mit 1 TL Puderzucker steif schlagen.

2. Den Frischkäse mit dem übrigen Puderzucker (2 TL) und 4 EL Limoncello glatt rühren und die Schlagsahne unterheben.

3. Die Amaretti in Gläser bröseln, je 1 EL Limoncello darüberträufeln. Die Creme daraufgeben. Das Marzipan grob darüberraspeln. Die Gläser mit Klarsichtfolie abdecken und bis zum Transport kalt stellen.

Variante Amaretti-Apfel-Dessert mit Lemon Curd

+ 15 Minuten

100 ml frisch gepresster Zitronensaft
abgeriebene Schale von 1 unbehandelten Zitrone
100 g Puderzucker
2 sehr frische Eier
25 g Butter
200 g Apfelkompott (aus dem Glas)

1. Zitronensaft und -schale, Puderzucker und Eier in einem Topf verrühren und bei niedriger Temperatur unter ständigem Rühren bis knapp unter den Siedepunkt erhitzen, aber nicht kochen lassen. Wenn die Masse dickcremig wird, die Butter in Flöckchen unterrühren und schmelzen lassen. Vom Herd nehmen und abkühlen lassen (wenn die Zeit knapp ist, den Topf in Eiswasser stellen).

2. Die Amaretti in die Gläser bröseln und das Apfelkompott darauf geben. Jeweils 1 EL Lemon Curd darauf geben.

Tipp Das restliche Lemon Curd in ein Schraubglas geben, im Kühlschrank bleibt es ein paar Tage frisch. Es schmeckt toll als Brotaufstrich oder zu Waffeln und Crêpes.

Tiramisu

Italo-Klassiker im Glas

25 Minuten | Für 6–8 Gläser

100 ml frisch gebrühter, starker Espresso
4 EL Amaretto (Mandellikör)
200 g Sahne
3 sehr frische Eigelb
3 EL Puderzucker
250 g Mascarpone
ca. 120 g Löffelbiskuits
2 TL Kakaopulver

1. Espresso zubereiten und mit dem Amaretto verrühren. Die Sahne steif schlagen.

2. Eigelb mit Puderzucker schaumig schlagen. Erst den Mascarpone, dann die Schlagsahne unterheben.

3. Die Löffelbiskuits in Stücke brechen und die Hälfte davon in gut schließende Gläser geben. Mit etwas Amaretto-Espresso-Mischung beträufeln und die Hälfte der Mascarponecreme darauf geben. Die übrigen Löffelbiskuits darüberschichten, mit der übrigen Espresso-Mischung tränken und die restliche Creme darauf geben.

4. Das Kakaopulver darübersieben. Die Gläser verschließen und bis zum Transport in den Kühlschrank stellen.

Variante Tiramisu für heiße Tage

-2 Minuten
6 EL Eierlikör

Gerichte mit rohen Eiern verderben bei Hitze schneller, daher sollten sie bis zum Verzehr ständig kühl gehalten werden. Oder man ersetzt an heißen Sommertagen das Eigelb einfach durch den Eierlikör, der mit dem Puderzucker unter den Mascarpone gerührt wird.

Apfelschnee
mit Pekannusskrokant

25 Minuten | Für 4–6 Gläser

40 g Pekannusskerne
1 EL Zucker
150 g Sahne
1 Pck. Vanillezucker
1 Pck. Sahnesteif
250 g Skyr (isländisches Milchprodukt, ersatzweise Cremequark mit 0,1 % Fettgehalt)
150 g Apfelkompott (aus dem Glas)
1 säuerlicher Apfel (ca. 170 g)
1 EL Zitronensaft
1 EL flüssiger Honig
40 g getrocknete Cranberrys

1. Die Pekannusskerne grob hacken. Den Zucker in einer kleinen Pfanne hellbraun karamellisieren. Pecannusskerne unterrühren und etwa ½ Minute karamellisieren lassen. Auf einem Stück Backpapier ausbreiten und auskühlen lassen.

2. Die Sahne mit Vanillezucker und Sahnesteif steif schlagen. Skyr und Apfelkompott verrühren und die Schlagsahne unterheben.

3. Den Apfel schälen, vierteln, vom Kerngehäuse befreien und grob raspeln. Mit Zitronensaft und Honig vermischen und unter die Creme ziehen.

4. Apfelschnee in Schälchen füllen, Cranberrys grob gehackt daraufstreuen. Die Schälchen mit Klarsichtfolie bedecken. Den Pekannusskrokant zerbröseln und separat in einem Papiertütchen mitnehmen, so bleibt er knusprig. Beim Picknick auf das Dessert streuen.

Variante Mangoschnee

± 0 Minuten

1 große reife Mango
40 g getrocknete Sauerkirschen
40 g Mandelstifte

1. Die Schlagsahne wie beschrieben zubereiten. Statt Apfelkompott und Apfelraspel die Mango schälen, das Fruchtfleisch auf der Reibe vom Stein raspeln und unter die Creme ziehen.

2. Statt Cranberrys die getrockneten Sauerkirschen verwenden. Mandelstifte in einer beschichteten Pfanne ohne Fettzugabe anrösten und den Pekannusskrokant dadurch ersetzen.

Honigquark
mit Granatapfel

25 Minuten | Für 4–6 Gläser

1 Granatapfel
1 TL Vanillezucker
1 Prise Agar-Agar (pflanzliches Bindemittel aus Algen)
250 g Magerquark
150 g Joghurt
etwas abgeriebene unbehandelte Orangenschale
1 Prise Zimtpulver
2–3 EL flüssiger Honig
Eiswürfel für das Eiswasser

1. Den Granatapfel über einer Schüssel aufbrechen und – am besten mit Einmalhandschuhen – aus einer Hälfte die Kerne herauslösen. Die übrige Hälfte auspressen.

2. Granatapfelsaft mit Vanillezucker und Agar-Agar in einem kleinen Topf aufkochen und etwa 1 Minute unter Rühren köcheln lassen. Den Topf in ein Eiswasserbad stellen, um die Flüssigkeit schnell abzukühlen.

3. Quark, Joghurt, Orangenschale, Zimtpulver und Honig verrühren und in gut schließende Gläser füllen. Wenn der leicht gelierte Granatapfelsaft kalt ist, auf den Honigquark geben und die Granatapfelkerne aufstreuen. Gläser verschließen und bis zum Transport kalt stellen.

Variante Honigquark mit Orange und Maracuja

-10 Minuten
2 Orangen
2 Maracujas

1. Den Honigquark wie beschrieben zubereiten. Statt des Granatapfels die Orangen so dick schälen, dass auch die weiße Haut entfernt wird. Fruchtfleisch zwischen den Trennhäutchen herausschneiden.

2. Die Maracujas halbieren, das Fruchtfleisch herauslöffeln und zu den Orangenfilets geben. Den Honigquark damit garnieren.

Schokoquark
mit Sauerkirschen

30 Minuten | Für 4–6 Gläser

1 Scheibe Pumpernickel
3 TL Puderzucker
50 g Zartbitterschokolade
100 g Sahne
250 g Quark (20 % Fettgehalt)
120 g Sauerkirschen (aus dem Glas)

1. Den Pumpernickel im Blitzhacker grob zerkleinern und in eine kleine Pfanne geben, 1 TL Puderzucker darübersieben. In 4–5 Minuten bei geringer Temperatur unter Rühren knusprig rösten. Abkühlen lassen.

2. Inzwischen die Schokolade in Stücke brechen und in einer Tasse in der Mikrowelle (oder in einer Metallschüssel über dem heißen Wasserbad) schmelzen. Lauwarm abkühlen lassen.

3. Die Sahne steif schlagen. Quark und übrigen Puderzucker (2 TL) verrühren. Erst die flüssige Schokolade, dann die Schlagsahne unterziehen.

4. Die Sauerkirschen in einem Sieb abtropfen lassen. Schokoquark und Kirschen im Wechsel in gut transportierbare Gläser schichten. Bis zum Transport kalt stellen und mit Klarsichtfolie bedecken. Pumpernickelbrösel in einem Papiertütchen mitnehmen und beim Picknick auf den Schokoquark streuen.

Variante Weiße Schokocreme mit Heidelbeeren

-10 Minuten
50 g weiße Kuvertüre
ca. 150 g TK-Heidelbeeren

1. Statt der Zartbitterschokolade die weiße Kuvertüre schmelzen und ohne Puderzucker unter den Quark rühren. Schlagsahne unterheben und in Gläser füllen.

2. Die unaufgetauten Heidelbeeren auf die Schokocreme geben. Bis zum Genuss beim Picknick sind sie aufgetaut und halten das Dessert inzwischen kühl (Pumpernickelbrösel weglassen.)

Maronencreme

mit Trauben und Haselnüssen

20 Minuten | Für 6 Gläser

50 g Haselnusskerne
1 TL Puderzucker
1 Pck. Vanillecremepulver (für 4 Portionen, Fertigprodukt)
200 ml Milch
100 g Sahne
100 g Maronenpüree (aus der Dose)
4 EL Amaretto
80 g kernlose dunkle Trauben

1. Die Haselnusskerne grob hacken, in eine kleine Pfanne geben und den Puderzucker darüberstauben. Bei schwacher Temperatur in 4–5 Minuten unter gelegentlichem Rütteln der Pfanne goldbraun anrösten. Abkühlen lassen.

2. Das Vanillecremepulver nach Packungsanweisung mit Milch und Sahne mit dem Handrührgerät aufschlagen. Das Maronenpüree mit dem Amaretto glatt rühren und unterziehen. In Gläser füllen.

3. Die Trauben waschen, abzupfen und halbieren. Auf den Desserts verteilen. Die Gläser mit Klarsichtfolie abdecken und bis zum Transport kalt stellen. Die Haselnusskerne in einem Schraubglas mitnehmen, beim Picknick aufstreuen.

Tipp Wer kein Fertigprodukt verwenden will, verrührt 150 g Maronenpüree mit 6 EL Amaretto. 200 g Sahne mit 2 EL Puderzucker steif schlagen und unterziehen.

Variante Maronencreme mit Portweinpflaumen

+15 Minuten

120 g getrocknete Softpflaumen (ohne Stein)
100 ml roter Portwein

Die Pflaumen längs halbieren, mit dem Portwein in einen kleinen Topf geben und etwa 5 Minuten köcheln lassen. Abkühlen lassen und statt der Trauben auf die Maronencreme geben. (Falls wenig Zeit ist und die Portweinpflaumen noch warm sind, in ein Schraubglas füllen und separat mitnehmen).

Mandel-Joghurt
mit Erdbeeren und Rhabarber

15 Minuten | Für 4 Gläser

40 g gehäutete Mandelkerne
1 TL Puderzucker
1 EL Chia-Samen
250 g griechischer Joghurt (10 % Fettgehalt)
1 junge (!) Stange Rhabarber
1 EL Agavendicksaft (oder flüssiger Honig)
1 EL Limettensaft
250 g Erdbeeren

1. Die Mandeln mit dem Puderzucker im Blitzhacker zu einer sehr feinen Paste verarbeiten. Mit den Chia-Samen unter den Joghurt rühren und in ausreichend große Gläser geben, sodass diese nur zu einem Drittel gefüllt sind.

2. Den Rhabarber putzen, waschen und schräg in hauchfeine Scheiben schneiden. In einer gut schließenden Schüssel mit Agavendicksaft und Limettensaft mischen. Die Erdbeeren abbrausen, putzen und in Scheiben schneiden. Mit dem Rhabarber mischen. Obst erst beim Picknick auf den Chia-Mandel-Joghurt geben.

Variante Chia-Mandel-Joghurt mit Birnenkompott

± 0 Minuten

2 kleine reife Birnen
1 EL Puderzucker
2 EL Zitronensaft
½ Vanilleschote

1. Den Joghurt wie beschrieben zubereiten. Die Birnen vierteln, schälen, das Kerngehäuse entfernen und die Viertel in Spalten schneiden. Puderzucker in einem kleinen Topf hell karamellisieren. Dann die Birnen und den Zitronensaft dazugeben.

2. Die Vanilleschote längs aufschneiden, das Mark herauskratzen und mit der Schote zu den Birnen geben. Diese bei geringer Temperatur etwa 5 Minuten zugedeckt dünsten. Abkühlen lassen und statt der Rhabarber-Erdbeer-Mischung auf den Joghurts verteilen.

Register

G

H

K

L

Checkliste

für das perfekte Picknick

Damit das perfekte Picknick nicht ein schnelles Ende findet, weil Sie wichtige Dinge vergessen haben, gibt es hier eine kleine Checkliste, was man auf jeden Fall dabeihaben sollte. Natürlich variiert es je nach Anlass, Jahres- und Tageszeit ein bisschen und manch einer geht es auch puristisch an.

- Picknickdecke und ggf. Kissen
- Teller, Besteck und Gläser
- Brett und Brotmesser
- Servietten
- Flaschenöffner
- Salz und Pfeffer
- Küchenpapier
- Alufolie
- Mülltüten
- Mückenschutzmittel
- Sonnencreme
- Pulli oder warme Jacke für den Abend
- Kerzen für den Abend
- Taschenlampe